海上絲綢之路基本文獻叢書

# 薄海番域録（下）

〔清〕邵大緯 述

文物出版社

圖書在版編目（CIP）數據

薄海番域録．下／（清）邵大緯述．-- 北京：文物出版社，2022.6
（海上絲綢之路基本文獻叢書）
ISBN 978-7-5010-7538-6

Ⅰ．①薄… Ⅱ．①邵… Ⅲ．①歷史地理－世界 Ⅳ．①K916

中國版本圖書館 CIP 數據核字（2022）第 065607 號

海上絲綢之路基本文獻叢書

薄海番域録（下）

著　　者：〔清〕邵大緯
策　　划：盛世博閱（北京）文化有限責任公司

封面設計：鞏榮彪
責任編輯：劉永海
責任印製：張道奇

出版發行：文物出版社
社　　址：北京市東城區東直門内北小街 2 號樓
郵　　編：100007
網　　址：http://www.wenwu.com
郵　　箱：web@wenwu.com
經　　銷：新華書店
印　　刷：北京旺都印務有限公司
開　　本：787mm×1092mm　1/16
印　　張：11.75
版　　次：2022 年 6 月第 1 版
印　　次：2022 年 6 月第 1 次印刷
書　　號：ISBN 978-7-5010-7538-6
定　　價：90.00 圓

# 總緒

海上絲綢之路，一般意義上是指從秦漢至鴉片戰争前中國與世界進行政治、經濟、文化交流的海上通道，主要分爲經由黄海、東海的海路最終抵達日本列島及朝鮮半島的東海航綫和以徐聞、合浦、廣州、泉州爲起點通往東南亞及印度洋地區的南海航綫。

在中國古代文獻中，最早、最詳細記載『海上絲綢之路』航綫的是東漢班固的《漢書·地理志》，詳細記載了西漢黄門譯長率領應募者入海『齎黄金雜繒而往』之事，書中所出現的地理記載與東南亞地區相關，并與實際的地理狀况基本相符。

東漢後，中國進入魏晋南北朝長達三百多年的分裂割據時期，絲路上的交往也走向低谷。這一時期的絲路交往，以法顯的西行最爲著名。法顯作爲從陸路西行到印度，再由海路回國的第一人，根據親身經歷所寫的《佛國記》（又稱《法顯傳》）一書，詳細介紹了古代中亞和印度、巴基斯坦、斯里蘭卡等地的歷史及風土人情，是瞭解和研究海陸絲綢之路的珍貴歷史資料。

隨着隋唐的統一，中國經濟重心的南移，中國與西方交通以海路爲主，海上絲綢之路進入大發展時期。廣州成爲唐朝最大的海外貿易中心，朝廷設立市舶司，專門管理海外貿易。唐代著名的地理學家賈耽（七三〇～八〇五年）的《皇華四達記》記載了從廣州通往阿拉伯地區的海上交通『廣州通夷道』，詳述了從廣州港出發，經越南、馬來半島、蘇門答臘半島至印度、錫蘭，直至波斯灣沿岸各國的航綫及沿途地區的方位、名稱、島礁、山川、民俗等。譯經大師義净西行求法，將沿途見聞寫成著作《大唐西域求法高僧傳》，詳細記載了海上絲綢之路的發展變化，是我們瞭解絲綢之路不可多得的第一手資料。

宋代的造船技術和航海技術顯著提高，指南針廣泛應用於航海，中國商船的遠航能力大大提升。北宋徐兢的《宣和奉使高麗圖經》詳細記述了船舶製造、海洋地理和往來航綫，是研究宋代海外交通史、中朝友好關係史、中朝經濟文化交流史的重要文獻。南宋趙汝適《諸蕃志》記載，南海有五十三個國家和地區與南宋通商貿易，形成了通往日本、高麗、東南亞、印度、波斯、阿拉伯等地的『海上絲綢之路』。宋代爲了加强商貿往來，於北宋神宗元豐三年（一〇八〇年）頒佈了中國歷史上第一部海洋貿易管理條例《廣州市舶條法》，并稱爲宋代貿易管理的制度範本。

元朝在經濟上採用重商主義政策，鼓勵海外貿易，中國與歐洲的聯繫與交往非常頻繁，其中馬可·波羅、伊本·白圖泰等歐洲旅行家來到中國，留下了大量的旅行記，記録元代海上絲綢之路的盛况。元代的汪大淵兩次出海，撰寫出《島夷志略》一書，記録了二百多個國名和地名，其中不少首次見於中國著録，涉及的地理範圍東至菲律賓群島，西至非洲。這些都反映了元朝時中西經濟文化交流的豐富内容。

明、清政府先後多次實施海禁政策，海上絲綢之路的貿易逐漸衰落。但是從明永樂三年至明宣德八年的二十八年裏，鄭和率船隊七下西洋，先後到達的國家多達三十多個，在進行經貿交流的同時，也極大地促進了中外文化的交流，這些都詳見於《西洋蕃國志》《星槎勝覽》《瀛涯勝覽》等典籍中。

關於海上絲綢之路的文獻記述，除上述官員、學者、求法或傳教高僧以及旅行者的著作外，自《漢書》之後，歷代正史大都列有《地理志》《四夷傳》《西域傳》《外國傳》《蠻夷傳》《屬國傳》等篇章，加上唐宋以來衆多的典制類文獻、地方史志文獻，集中反映了歷代王朝對於周邊部族、政權以及西方世界的認識，都是關於海上絲綢之路的原始史料性文獻。

海上絲綢之路概念的形成，經歷了一個演變的過程。十九世紀七十年代德國地理學家費迪南・馮・李希霍芬（Ferdinad Von Richthofen，一八三三～一九〇五），在其《中國：親身旅行和研究成果》第三卷中首次把輸出中國絲綢的東西陸路稱爲『絲綢之路』。有『歐洲漢學泰斗』之稱的法國漢學家沙畹（Édouard Chavannes，一八六五～一九一八），在其一九〇三年著作的《西突厥史料》中提出『絲路有海陸兩道』，蘊涵了海上絲綢之路最初提法。迄今發現最早正式提出『海上絲綢之路』一詞的是日本考古學家三杉隆敏，他在一九六七年出版《中國瓷器之旅：探索海上的絲綢之路》中首次使用『海上絲綢之路』一詞；一九七九年三杉隆敏又出版了《海上絲綢之路》一書，其立意和出發點局限在東西方之間的陶瓷貿易與交流史。

二十世紀八十年代以來，在海外交通史研究中，『海上絲綢之路』一詞逐漸成爲中外學術界廣泛接受的概念。根據姚楠等人研究，饒宗頤先生是華人中最早提出『海上絲綢之路』的人，他的《海道之絲路與昆侖舶》正式提出『海上絲路』的稱謂。此後，大陸學者選堂先生評價海上絲綢之路是外交、貿易和文化交流作用的通道。此後，大陸學者馮蔚然在一九七八年編寫的《航運史話》中，使用『海上絲綢之路』一詞，這是迄今學界查到的中國大陸最早使用『海上絲綢之路』的人，更多地限於航海活動領域的考察。一九八〇年北京大學陳炎教授提出『海上絲綢之路』研究，并於一九八一年發表《略論海上絲綢之路》一文。他對海上絲綢之路的理解超越以往，且帶有濃厚的愛國主義思想。陳炎教授之後，從事研究海上絲綢之路的學者越來越多，尤其沿海港口城市向聯合國申請海上絲綢之路非物質文化遺産活動，將海上絲綢之路研究推向新高潮。另外，國家把建設『絲綢之路經濟帶』和『二十一世紀海上絲綢之路』作爲對外發展方針，將這一學術課題提升爲國家願景的高度，使海上絲綢之路形成超越學術進入政經層面的熱潮。

與海上絲綢之路學的萬千氣象相對應，海上絲綢之路文獻的整理工作仍顯滯後，遠遠跟不上突飛猛進的研究進展。二〇一八年厦門大學、中山大學等單位聯合發起『海上絲綢之路文獻集成』專案，尚在醞釀當中。我們不揣淺陋，深入調查，廣泛搜集，將有關海上絲綢之路的原始史料文獻和研究文獻，分爲風俗物産、雜史筆記、海防海事、典章檔案等六個類别，彙編成《海上絲綢之路歷史文化叢書》，於二〇二〇年影印出版。此輯面市以來，深受各大圖書館及相關研究者好評。爲讓更多的讀者親近古籍文獻，我們遴選出前編中的菁華，彙編成《海上絲綢之路基本文獻叢書》，以單行本影印出版，以饗讀者，以期爲讀者展現出一幅幅中外經濟文化交流的精美畫卷，爲海上絲綢之路的研究提供歷史借鑒，爲『二十一世紀海上絲綢之路』倡議構想的實踐做好歷史的詮釋和注脚，從而達到『以史爲鑒』『古爲今用』的目的。

# 凡例

一、本編注重史料的珍稀性，從《海上絲綢之路歷史文化叢書》中遴選出菁華，擬出版百册單行本。

二、本編所選之文獻，其編纂的年代下限至一九四九年。

三、本編排序無嚴格定式，所選之文獻篇幅以二百餘頁爲宜，以便讀者閱讀使用。

四、本編所選文獻，每種前皆注明版本、著者。

五、本編文獻皆爲影印，原始文本掃描之後經過修復處理，仍存原式，少數文獻由於原始底本欠佳，略有模糊之處，不影響閱讀使用。

六、本編原始底本非一時一地之出版物，原書裝幀、開本多有不同，本書彙編之後，統一爲十六開右翻本。

# 目録

# 薄海番域録（下）

# 薄海番域録（下）

卷九至卷十二

〔清〕邵大緯 述

清京都書業堂刻本

# 薄海番域錄

重譯二　　山左武定邵大緯星巖氏述

安南　古南交之地東至海三百二十里西至雲南老撾里五百六十里南至占城國界一千九百里北至廣西思明府憑祥縣界四百里而與中土錯壤則東起欽州西歷左江北至臨安元江凡界兩廣雲南三省東西一千七百里南北二千八百里至京一萬一千一百六十五里秦屬象郡漢初為南越所有武帝平南越置交趾九真日南三郡東漢改交州唐調露

初攺南都護府五代梁時土豪曲承美專有其地後爲劉隱所并嗣楊延藝紹洪相繼爲交趾節度使旣而管內大亂推丁部爲州帥其子璉繼立宋平嶺表璉內附封交趾郡王傳弟璿爲其將黎桓所篡其後李公蘊簒黎氏至天祚爲安南國陳日煚弑之稱越皇帝然皆臣服中國封交趾郡王元憲宗時遣將破其國日煚竄海島後歸附封其子光昺爲王死子日烜自立世祖又發兵討破之日烜死子日燇遣使入貢明洪武初陳日煃率先歸附仍賜安南國王印日

㷃卒弟日烓受封日烓卒封其兄子日㷃嗣王嘗進二女艷麗傾後宮上受之亡何復以二女進上不悅曰彼謂朕漁色耶並出前二女語使者曰歸驗之猶女體也日㷃荒淫爲其兄叔明篡立叔明請老傳弟日煓日煓與占城戰死弟日煒署國事時叔明雖謝事實專國政與其相黎季犛通弒日煒立其子日焜季犛者叔明壻也建文元年弒日焜尋又弒𤌴及㝌大殺陳氏自謂舜胡公後國號大虞紀元天聖更姓名胡一元子蒼易名查僭稱帝自爲大上皇陳氏孫

天平來奔永樂三年查謝罪請迎天平歸國送至郎
溫查以餼牽迎犒度雞林關忽伏發刼殺天平並二
使上大怒遣張輔沐晟征討俘獲季犛父子詔求陳
氏後無所得因郡縣其地六年簡定反定故陳氏臣
從下安南有功因上不復立陳氏走化州說下羣盜
鄧悉等聚衆萬餘稱日南王七年簡定稱上皇立陳
季擴爲大越皇帝季擴者蠻人自云陳氏後安南民
不忍棄陳氏相率歸之輔等又擒之送京伏誅十六
年黎利反利從季擴爲金吾將軍已來降復反稱平

定王洪熙元年攻劫郡邑復命將討之宣德二年利勢屈復奉表乞立陳氏後日暠者主其國詔封安南王後利篡暠而自立朝廷復請加兵會利遣使來貢謝罪請命因而與之傳至賙正德時鄭綏鄭惟鐐及其黨陳真弒之諒山都將陳暠自稱陳氏後與子昇以諒山之甲攻交州殺惟鐐自立僞號天應仍稱大虞爲陳真所擊走諒山綏等共立譓而暠昇據長慶太原清都三府有莫登庸者荆門漁家子有勇力善戰能凌水飛數步隸暠部爲參贊以罪奔譓用爲宜

陽忝將與嵩職大破之而大將阮宏緒等討弒睭之
罪攻鄭氏綏奔清化惟𨪝子奔高平國兵柄未有屬
登庸賂譓親信誣推己典兵權日盛自立爲興安王
未幾弒譓僞爲譓禪文篡其位僭號大越尋傳其子
方瀛爲國大王自稱大上皇居都齋都齋故其打魚
處登庸以爲險時時凌波而飛持劍下刺巨魚噭呼
爲樂時譓子居清化僮有四府地兩遣使乞師爲登
庸篡取不得進嘉靖中遣仇鸞征討登庸乞降潵之
以後黎莫二姓迭相雄長而莫氏寖微

國初歸化乾隆丁未戊申間其臣阮廣平逐黎氏黎有祺
來奔再送再逐之以有祺不能撫有其土也留京師
封廣平爲王其國山川佛跡勾漏海富良江爲大有
艾山二月開仙艾花境内有越王城浪泊柱銅鼓而
奇獸有狒狒似獮猴人面知人生死猓猸似猱善捕
鼠蠶獠雜居獷悍喜鬥椎髻裸下黒齒昂喙平居不
冠惟交愛人善謀驩演人好學官制畧彷華風並習
漢字今傳有交趾國王被繫入中國謁藩臣詩及安
南使過吉水弔文丞相詩見蘧廬日錄按安南界有

猛烈柵華益隘俱係自雲南蒙自縣入安南之界

廣南　在安南之南與交趾東京止隔一水本安南地漢爲日南郡隋唐驩州明義安府其西水陸行歷順化港新州港至古城即秦象郡林邑縣古越裳之國漢伏波將軍馬援開漢南境置象林縣縱横六百里在交趾南海行三千里馬援所置二銅柱表漢界處漢末大亂縣功曹姓區連殺縣令自號爲王無嗣外孫范熊代立餘見占城再西水陸行歷浦海至東埔寨即占城以西至爛泥尾船不可近矣

扶南　在廣南之南海西大島中可七千里林邑之西南三千餘里國俗本裸交身被髮不製衣裳其先有女人爲王號曰柳葉年少壯健狀如男子其南有徼國人名混塡來伐柳葉降之遂以爲妻惡其裸身乃穿疊布貫其首理其國子孫相傳至王混盤況死國人立其大將范蔓盤盤爲王蔓勇健有權畧以兵伐旁國咸服屬之自號扶南大王開地五六千里蔓死國亂大將范尋自立爲王是中國吳晉之代也尋始令國内男子着横幅今干縵也其後王憍陳如本天

竺婆羅門也有神語曰應王扶南憍陳如至盤盤扶南人聞之迎而立復改制度用天竺法令俗事天神其刑罰于城溝中養鱷魚門外圈猛獸有罪者輙以食猛獸鱷魚魚獸不食者爲無罪三日乃放之宋齊梁並獻方物其國有佛髮長一丈二尺梁武帝詔沙門迎之又隋書云其扶南國王姓古龍諸國亦多姓古龍訛者老言崑崙無姓氏乃訛矣唐武德後貢獻貞觀中又獻白頭國二人于洛陽其國在扶南之西又當參半之西男女生皆素手身又凝白居山洞之

中四面巖險故人莫至其處地界與叅半國相挍拔

扶南後爲真臘所併

狼脲　在驩州今隸安南唐以前屬中國倮身猶恥無衣夜與買人交易暗中嗅金便知好惡

緬甸　在雲南鎮沅州西南徼外南至南海西南隔海即暹羅東北至雲南省三千八百程古朱波地宋寧宗時始通中國元世祖遣兵三征之責其貢賦而還明初置緬甸宣慰司嘉靖後不復修貢萬歷間有莽瑞體者漸強盛傳及其子莽應裏世爲邊患叅將鄧

子龍游擊劉綎各率兵五千人平之而其雄長于南徼如故明初所設邊外三宣六慰諸土司大抵皆服屬于緬矣殘明僞永明王由榔竄其國緬酋莽應時陽欵而陰拘之李定國率兵入欲護王以出弗與定國肆焚掠莽應時密遣使乞援于我
朝約大兵至即俘永明王以獻時吳三桂以覲王鎮雲南偕將軍愛星阿率兵萬餘入莽應時送永明于軍時順治十八年也是時三桂未及爲善後計邊外木邦猛密大山諸土司聽其仍爲緬屬不復能如明初

之衆建而分其勢由是緬甸竟國于西南乾隆十七年該國王蟒達喇遣頭目希里覺塡等奉表入貢賜御書扁額曰輯瑞西球十九年蟒達剌與得楞錫箔諸夷搆兵爲所殺緬國無主而緬屬木梳土司甕藉牙起兵聲言爲故主復讐擊敗得楞諸夷遂自竊據緬甸位初在其木梳築城繼乃徙于故緬甸所居之阿瓦城凡緬國舊所屬土司皆降附之有不服者輒治兵攻擊無虛日二十五年甕藉牙死子莽紀覺嗣搆兵如故浸尋而及我耿馬土司矣二十八年冬緬賊

復至我遮放邊外三十一年莽紀覺死其弟懵駁嗣
復索幣于我孟連土司楊應琚勦撫失宜獲罪三十
二年
上命明瑞以將軍兼總督大舉勦賊不利被難三十四年
命大學士公傅恒來滇經畧其事大破之酋大懼其酋帥
目耿旺模者遣人乞和不許諸將以兵多染瘴日有
死亡争勸受降撤兵乃遣哈國興往責耿旺模以進
表納貢返土司地諸事議未決耿旺模左顧而去哈
國興單騎入其柵責之耿旺模不敢見別遣人出請

如約適緬酋懵駁亦遣使齎貝葉書來乞降乃取其
成而還五十五年封孟隕爲阿瓦緬甸國王開關通
市嘉慶五年入貢
賜御書曰錫藩彰順貢期定爲十年一次貢道渡江由陸
路至雲南普洱府入境㢟
京師按緬甸之東雲南考撾之西有八百大甸館考云
土酋有妻八百各領一寨因名八百媳婦東北去省
三十八㢟

占城　在廣南之西西南首占城國纍甎爲城故云宋

時爲眞臘所併又名占臘東距海西抵雲南南接眞臘北連安南東北近廣東瓊州自五虎門開洋張十帆順風十晝夜可至海口新洲港有石塔爲標舟至是繫焉古越裳氏界秦爲象郡林邑縣漢末有區連者殺縣令自立爲林邑國王其後世絶外孫范熊代立熊死子逸嗣其臣范推之奴名文者譖逐逸諸子逸死文篡立傳至元孫文敵爲扶南王子當根純所弑國臣范諸農平其亂而自立歷宋齊梁陳及隋初皆來貢仁壽初其王梵志爲隋將劉方擊破遂棄城

遁獲其廟主十八枚皆鑄金爲之盖其國有十八世矣方班師梵志復其地唐貞觀中其王頭黎獻方物子鎮龍嗣爲摩訶慢多伽獨所弑范氏遂絶國人立頭黎之姑子諸葛地更號環王元和初入寇驩愛等州安南都護擊破之遂棄林邑徙國于占因號占城歷五代周及宋初咸貢方物淳熙中襲破真臘慶元中真臘大舉復仇俘殺幾盡更立真臘人以主之元時乍臣乍叛終無順志明洪武初其主阿答阿首遣其臣虎都蠻來朝貢方物詔封占城國王賜金印大

統歷三年遣祀其國山川以占城文字令貢士赴京師其國以月生爲初月滿爲晦十次盈虧爲一歲人以漁爲業稻耐旱早熟宋真宗時求其種擇高田藝之即今黃秈所謂占城稻也書用羊皮及黑木皮削竹爲筆醮白粉寫字如蚯蚓狀伽藍香惟一大山有之犀大者重八百斤角在鼻端身無毛皆鱗甲紋烏木降香採以爲薪有屍頭蠻者婦人目無瞳夜飛頭入人家食小兒穢妖氣侵腹兒即死頭返合體如故若封其項移體別處則死矣夫不報者罪之貢物伽

備箋沉檀百花藤諸香白鳥紅棉印花圖壁諸布貢
使有通文字者嘗寓蕪州見葵花問何名人紿之云
一丈花即題詩云五尺欄杆遮不盡恰留一半與人
看亦足錄也

賓童龍　在廣東瓊州府西南海中與占城山城相接
有雙澗水澄淸佛書所云舍衛城也目連居址尚在
氣候風俗與占城畧同惟喪事能持孝服設佛以度
死者

崑崙　在廣東瓊州府西南海中與占城及東西竺鼎

峙相望節然瀛海之中山高而方根盤曠遠凡往西洋商舶必待順風七晝夜可過語云上怕七洲下怕崑崙針迷舵失人船莫存其人穴居樹巢食魚鰕山菓又有靈山峻嶺而方石泉下帶民居星散結網爲業田肥一年二收氣候風俗一如占城往來商船必在此汲水採薪以濟日用齋沐諷經燃放水燈以禳人船之災

真臘　本扶南屬國東際海西接蒲甘南連加羅希北抵占城國自浙江温州開洋經交趾占城可半月至

真蒲即其境也亦名占臘其王姓剎利名質多斯那者始併扶南而有之隋大業中通中國至唐國分爲二南近海爲水真臘北多山爲陸真臘後復合一屬國有參半真里登流眉蒲甘等國所領聚落六十餘宋宣和初來貢封真臘國王慶元中大舉伐占城破之而立真臘人爲占城王地方七千餘里明洪武初忽兒那表貢方物賜大統歷後朝貢不絶國中有銅台列銅塔二十四各垂四千斤有戰象幾二十萬王三日一視朝坐七寶床出入擁劍立象上小金塔金

佛前導列玉猿孔雀犀象名百塔洲以衆香佛舍飲饌金盤盛之故諺云富貴真臘也男女椎髻短衫圍腰布手足帶金鐲香藥塗體家奉佛每旦澡洗以楊枝淨齒誦經咒書以鹿麂皮染黑醮粉寫字亦有通天文者推算日月薄蝕以十月爲歲首閏用九月夜分四更候煖不識霜雪貿易以婦人女十歲即嫁今海舶止抵扵木州以柴爲城華人居之接扶南在漢日南郡之南海西大島中舟行六十日可至日南郡廣南屬安南在其南隔一水南接車渠國西有朱江

國

佛郎機　在廣東瓊州府西南海中占城之南向不通
中國明正德十三年其酋破滿剌加而據其地入貢
請封至廣東守臣以其國不列王會覊使以聞詔給
方物直遣歸使者留東莞刼行旅至掠食嬰孩廣人
苦之會滿剌加來訴命勒水兵攻勦乃遁而佛郎機
使者冐亞三能通番漢賄江彬薦之從巡幸武宗見
亞三時學其語以為樂既而其屬別都盧等擁衆千
餘破巴西國遂寇新會柯榮截海禦之嘉靖間又寇

漳州私市梧嶼海道何喬禦之遁去四十四年有酋
目啞喏喇歸氏者浮海來貢初稱滿刺加已改稱蒲
麗都家部議南番無蒲麗都家或佛郎機所托也謝
絶之相傳其國頗富饒婚娶無媒妁佛前相配以僧
為証謂之交印每六月一禮佛人身長七尺高鼻白
晳鷹嘴猫眼鬚捲而髮近赤性凶狡善大銃中人立
死嘉靖時廣東巡檢何儒招降佛郎機人得其蜈蚣
船並銃法船底尖面平用板捍蔽矢石長十丈濶三
尺旁架櫓四十置銃三十四約每舟撐駕三百人櫓

多人衆雖無風可疾走銃發彈落如雨所向無敵用
銅鑄大者千餘觔因名佛郎機

美洛居　在廣東瓊州府東海中與佛郎機相近稍稱
繁富男子祝髮女椎結腦後王出盛威儀所部合掌
伏道旁初佛郎機來攻顧歲輸丁香請降和蘭既橫
行海外忽以舟師直搗城下執其酋語曰若改事我
殊勝白頸以佛郎機人頸白故云酋聽命佛郎機聞
之來討誅和蘭所立酋更立素所親信者已而和蘭
繼至復誅之去歲相攻殺華人流寓者因爲游說中

分兩國以高山爲界山北屬和蘭山南屬佛郎機遂各罷兵然自是其國苦兩屬貿舶亦紛紛矣産多丁香土人用以辟邪東洋獨此地有之

丹丹　在廣東瓊州府陵水縣西南自振州東界今崖州舟行十日至一名阿丹古丹丹國槃羅股石爲城高四五丈土沃民富饒有馬步勝兵數千隣國畏之亦回回種類王金冠黄袍寶帶至禮拜寺白布纏首加金錦頂白袍坐車列隊而行男子拳髮女布帽塊頭靑紗蔽面耳垂金錢項掛瓔珞臂纏寶釧足帶指

環赤金鑄錢名喃嚕嘜紅銅者名哺嚕斯氣候溫和常如八九月善推算花開爲春木落爲秋無閏月向未通中國明永樂九年遣鄭和齎詔賜其國王冠服命互市按嘉靖時造方丘及朝日壇玉爵購紅黄玉于天方哈密諸國不得通事撒方秀言二玉產阿丹去土魯番西南二千里其地兩山對峙自爲雌雄或時自鳴請依宣德下番例齎重賄往購上竟從部議已之又自古里開船順風二十晝夜可至

赤土 在廣東瓊州府陵水縣南渡海便風十四日經

籠島即至其國亦海中之一洲按暹即古赤土元至
正閒暹始降于羅斛爲一國名暹羅

暹羅

在南海中自廣東廣州府東莞縣放洋歷占城
西南行順風七晝夜至龍門屋海口入港若從福建
厦門至暹羅水程過七洲洋見外羅山向南見玳瑁
洲鴨洲見崑崙偏西見大真嶼小真嶼轉西北取筆
架山向北至暹羅港口竹嶼一百八十八更入港又
四十更共二百二十八更本暹與羅斛二國暹即古
赤土其國土瘠不宜耕藝羅即古婆羅剎土田平衍

而多稱暹人歲仰給之元至正間暹始降于羅斛而合為一國明洪武初其王參烈昭毘牙入貢賜大統歷永樂元年昭祿羣膺遣柰必表章方物乞量衡式從之詔賜古今列女傳以後朝貢不絕正德十年來貢譯其字無識者梁儲請選留來使一二名在館肄業從之隆慶初東蠻牛求婚暹不許統沙外兵破其國執世子及賜印去萬歷初嗣王擊走東蠻牛是後暹羅日強攻眞臘降之二十二年緬酋雍罕等從蠻漠逃歸暹羅卷甲趨之俘斬萬餘緬勢遂衰其國地

方千里羣山環遶土下濕氣候嵐熱俗勁悍習水戰
大將多用聖鐵裹身聖鐵者人腦骨也王居壯麗覆
以錫瓦民多樓居王白布纏首以受天朝封獨留髮
尚釋教婚則請僧取女紅貼男額稱利市喪禮大家
灌水銀葬民間將尸放海邊僧呪各色大鳥下食之
謂之鳥葬市用海叭有尸羅蠻故居暹之人以近水
搭斷便于淨滌又有一種共人共者呪法名也刀刄
不能傷王養以爲兵衛犯事臨刑令番僧以呪勸化
之使其自退其法方與受刑西北去二百餘里有市

鎮曰上水番人五百餘家諸貨皆有最貴者紅馬斯肯等石按暹羅與緬甸接在其西南西洋諸國俱由此至極南始轉而東至東海

浡泥

在廣東瓊州府西南大海中本闍婆屬國去占城一月程所統十四州明洪武中來貢詔浡泥山川之神附祭福建永樂六年王率其妃及子來朝卒于京輟朝三日葬石子岡封其子遐旺送歸兼封其國山為長寧鎮國之山製文勒石系以詩曰炎海之墟浡泥所處趨景赴聲有順無忤奕奕賢王惟化之慕

重譯更胥聿來奔走同其婦子兄弟陪臣跂伏悅喜具言以陳內鑒解德弗稱所云浪舶風檣實勞懇勤稽古遠夷順來怒趆以躬或難翔爾家室欝崛高山作鎮王國傳金勒銀懋昭順德王德克昭王國攸寧于萬斯年仰我大明萬歷中王卒無子族衆爭立相攻殺且盡乃立女爲王今號大泥隸暹羅其國以板爲城王所屋居覆以貝多葉坐繩床出則擁大布單衆舁之名阮囊崇佛像好齋沐最敬華人習戰鬥葬用棺以竹輦載棄山中二月始耕祀之過七年不復

祀矣以十二月七月爲歲節嘗與同回錫蘭山各負
香山澳貿易

南巫里　在廣東瓊州府西南海中即南泥利隸浡泥自蘓門答剌舟行三晝夜可至東距黎代西北際海南連大山僅千餘家皆回回人明永樂間入貢王居如樓高三四丈四圍以板甚潔樓下縱牛羊牧之俗樸少穀食魚蝦亦有犀牛產降眞香名蓮花降西北大海洋中有帽山平頂番名那沒黎貢舶皆投此山爲指南山下淺水有珊瑚樹高二三尺居人數十家

問其姓則曰阿孤椿言我是王或問其次曰阿孤楂言我亦是王也

亦思把罕　在西南海中一大國也廣袤千里四面皆海西北多山東南平沙城堅壯王居亦侈麗物產豐厚風俗質樸尚佛畏刑喜施惡奪亦有中國人寓焉時時出買撒馬兒汗帀多馬駝少布帛有珠珀無稻粱所食惟麥明永樂中遣使四十四人入貢

淡巴　在西南海中明洪武十年國王佛喝思漢羅表貢賜金帛其國土廣泉甘饒草木孳畜石城瓦屋帀

肆碁置車馬威儀甚都國人勤治生稀冠盜賊經有常業貢物苾布兜羅綿被沉速諸香胡椒又有甘巴里在西南海中大島上一小國也人多織錦粒食亦鮮食永樂中入貢

天竺　在甘肅肅州西六十里嘉峪關外西南二千餘里一名西天今四川越嶲廳之西南雲南麗江府之正西即漢時身毒國或云摩迦陁或云婆羅門去長安九千八百六十里去月氏東南數千里地方三萬餘里中分五天竺有五印度地各數千里城邑數百

南天竺際海北天竺距雪山環抱如壁南有谷通大路爲國陽門東天竺際東海與扶南林邑接隣但隔山海而已西天竺與罽賓波斯接中天竺據四天竺之間南與葱嶺相連北與烏孫接衣服類烏孫隨水草爲塞種也顏師古云捐毒即身毒身毒則天竺也塞種即釋種也蓋語音有輕重其俗修浮圖不殺生飲酒漢桓帝時頻從日南徼外來獻時帝好神數祀浮圖老子百姓稍有奉者後遂轉盛其國王土著與月氐同而卑濕暑熱人弱於月氐唐武德中其東西

南北四天竺悉臣服於中天竺貞觀初沙門元奘至
其國中天竺王尸羅逸多謂元奘曰我聞彼國有聖
人出作秦王破陳樂試爲我說秦王之爲人也元奘
具言聖德其王曰信如所言我當自朝也十五年朝
貢王姓乞利咥氏名尸羅逸多或云姓刹利氏按寰
宇記晉宋浮圖經云臨兒國其王生浮圖浮圖太子
也父屑頭耶母曰莫耶浮圖身服黃色髮青如青經
始莫耶夢白象而孕及生從母左脇出生而有髻隨
地能行七步此國在天竺城中天竺又有神人名沙

律昔漢哀帝元壽元年博士弟子景盧受大月氐王使伊存口授浮圖經曰復立者其人也優蒲塞桑門伯聞號問白開比丘晨門皆弟子號也浮圖所載與中國老子經商出入蓋以爲老子西出關過西域之天竺教胡爲浮圖徒屬弟子别號合有二十九不能詳載故畧之諸家記天竺事多錄諸僧法明道安之流傳記疑皆誣誕不經不復悉纂也

榜葛剌　本天竺國五印度之東印度也東際廣東瓊州之海自蘓門答剌開船抵浙地港行五百里至瑣

納兒港有城池市聚陸行三十五里至坂獨生酋長
居焉城郭甚嚴王及臣民皆回回人薙髮纏首圓領
長衣彩帨金錦皮靴女髻椎後穿頭衫圍色布絲綿
耳垂金釧頂掛瓔珞四腕戒指不施脂粉天然嬌白
人好耕植一歲二收陰陽醫卜百工技藝皆備市用
銀錢海叭番名考嚟償定打手雖萬金不悔別有一
種印度飲食男女異處夫死不改嫁妻死不更娶孤
寡衆輪贍之有山名五嶺最高大氣候恒熱十二月
無閏向不通中國明永樂二年朝貢賜文綺十二年

貢麒麟正統三年復至

金剛座　在廣東瓊州府西南海中榜葛剌之西即中印度也本名沼納撲兒乃釋迦得道之所明永樂十八年國王亦不剌金數侵榜葛剌遣使賫敕諭之因來朝貢

師子國　在甘肅肅州西嘉峪關外雪山之南去關二千餘里天竺之旁國也晋時通焉在西南大海之中洲也延袤三千餘里其洲中有山名稜伽古佛游處國中有王以一善化人皆以學道為務安帝義熙初

遣使獻玉佛像四尺二寸玉色潔潤形制特殊殆非人工此像歷晉宋世在建康瓦官寺其地多出奇寶土地和適無冬夏之異五穀所種不須時節其國舊無人民止有鬼神及龍居之諸國商賈求其市易鬼神不見其形但出珍寶明其所值價商人依價取之諸國人聞其土樂因此競至或有停住者遂成大國能馴養獅子遂名風俗與婆羅門同而猶敬佛法

東女國　在四川雅州府西北東與茂州党項接西羌之別種也以西海中有女國故稱東女國俗以女爲

王隔羅女蠻及白狼有八十餘城王之所居名庫延川戶四萬餘衆女王號爲賓就在外官僚並男夫爲之王死即于王族令女立之無纂奪重婦人輕丈夫文字同于天竺唐武德中女王湯滂氏遣使貢方物

焦僥

在雲南永昌府西南徼外後漢書明帝永平中西南夷焦僥貢獻是也安帝永初中永昌外徼焦僥夷陸類等三千餘口舉內附

古剌

在雲南西南徼百蠻之外萬餘里明永樂中給事周讓使百夷問其國人慕華莫爲先使歸以聞天

于嘉之遂命讓由滇池入踰數月乃至至則首驅象馬建旗鼓具舟供帳陳兵出迎作新亭舘以居讓即遣使從他使者至京報謝留讓居歲餘勞宴甚至讓還遣使貢方物請臣置吏詔授古刺宣慰使賜冠帶印章

默得那　在西域回回祖國也地接天方有城池宮室園田市肆五穀蕃滋大類江淮間初國王謨罕驀德生而神靈有大德西域諸國並臣伏焉尊爲別諳拔爾華言天使也其教專以事天爲本而無像設日每

西向拜有經三十藏凡三千六百餘段其書體旁行
有篆草楷三法今西洋諸國皆用之尤精陰陽星歷
解醫藥音樂織文雕鏤器用精巧隋開皇中國人撒
阿的斡葛思始傳其教入中國明洪武元年改太史
院爲司天監又置回回司天監二年詔徵元回回歷
官鄭阿黑等十一人赴京議歷法宣德中其國王遣
使隨天方國朝貢正德中回回人于永進秘方得幸
升指揮同知御馬監西海子設養虎回回三名世宗
屏之并歸廿州所進回回女你兒干等于永下獄死

崇禎十七年回回貢馬玉玉大者重三百斤今國人多附廣東香山嶴貿易其人善鑑識每從海市中廉得奇珍故稱識寶回回而種類散處南北爲色目人甚夥並窗目高鼻白布纏首以窖爲酒以牛爲菜禁食猪肉非同類殺不食好歌舞夫婦配合必取水淋沐親死用布囊尸入棺鼓樂導至墓去棺底掩以土妻亍墓以水潑之行其教者行齋居迷千里不持糧云

歐邏巴　在西洋古不通中國明嘉靖間始有西商循

小西洋東來貿易香山槃其後國人名道侶者每付舶而來計海程幾及十萬里南越地中海北至冰海徑一萬一千二百五十里西起西海諸島東至阿北阿徑二萬三千里共七十餘國其地中海有斗的亞諸島西海有意而蘭大諳厄利亞諸島自國王下逮庶民皆奉天主耶穌教其徒來游中國多傳道之人非修貢也明萬歷中有大西洋人利瑪竇賫獻天主像自鳴鐘鐵琴地球等器皆巧異神宗大悅利瑪竇聰慧通中國典籍著交友論山海輿地全圖嘗游南

京禮侍沈漼奏逐之日訪閩海利瑪竇本佛郎機人
其王豐肅原名巴里狼雷先年同黨詐行天主教于
呂宋間奪之改號大西洋云久之病卒賜葬阜城門
外二里溝曰利泰西墓嗣有龍華民龐廸峩畢等接
踵而至行其教不廢有諳歷學者崇禎初上論日食
不合推數恐大統歷法差訛宜修正之徐光啟疏薦
湯若望鄧玉函羅雅谷三人召至京開局長安街作
觀星台推測著書亡何鄧羅相繼死若望乃以新法
製進黃赤全儀地平日晷及星毬測天儀器新法歷

書內庭覩測屢被褒賞又命鑄西洋無間大將軍砲大者重一萬二千餘斤又爲空心砲台式並望遠鏡二具今

京師天主堂皆其人也其國風俗一夫一婦無二色者所讀皆聖賢書然以天主經典爲宗字以二十三字母互配而成凡萬國語言風雨鳥獸之聲皆可寫出蓋隨音成字不以字命音也喪服尚黑棺用木石或鉛追薦誦天主經不燒楮錢火化人尸以布包之尸燼灰存布內不散貯礶中葬高塔上

判汗　在甘肅肅州西南三千七百里葱嶺之西五百餘里蓋古之渠搜國也禹貢析支渠搜西戎即敘一名潑汗其王姓昭武字阿利柒其先棄業爲王今則阿利柒之後唐高祖朝此國人潑汗胡戲其後盛爲此尋爲諫臣拜疏遂罷從此國至西海盡居土屋衣羊皮疊布男女皆着靴婦不飾鉛粉以青黛眼而已

罽賓　在甘肅肅州西南三千七百里葱嶺之南懸度西庭山西去瓜州六千六百里今燉煌漢時通焉王理脩鮮城不屬都護戶口勝兵多大國也昔匈奴破

大月氏大月氏西居大夏而塞王南君罽賓塞種分散往往為數國自疏勒以西北休循身毒之屬皆塞種也顏師古云即釋種也今懸度之阨非罽所能越也其王姓昭武康國王之宗族勝兵萬餘人唐貞觀十一年遣使獻方物去長安一萬二千二百里南去舍衛國三千五百里水皆南流入于南海餘見撒馬兒罕

撒馬兒罕　在甘肅肅州西嘉峪關外東去關近萬里古罽賓國也漢通大月氏封為王唐為修鮮都督府

元駙馬帖木耳主其國明時朝貢不絕貢道從嘉峪關其國東西相距千里山川鐵門峽阿杰河最大地平田沃宜五穀城依平原濠深險北有子城王居高廣城中逵巷縱橫市肆稠密西南番賈多聚于此王白帽婦人白綃纏首尚回回教有拜天屋經文泥金書羊皮裘善治宮室織罽刺文繡禁酒以手取食屠牛羊者埋其血腥市用銀錢國東有沙鹿海牙賽蘭達失干西有渴石迭里迷卜花兒皆隸焉

沙鹿海牙　在甘肅肅州西嘉峪關外撒馬兒罕東五

百里南近山三面皆平川城据小河西北臨山河勢衝急有浮梁人繁庶依崖谷而居園林廣茂西有大沙洲可二百里無水即有水不可飲有臭草枝葉如葢取生汁熬膏爲阿魏又去撒馬兒罕七百里曰達失干城据平原甚狹小四面平岡多林木溪流蜿蜒土宜五穀俗樸而饒

卜花兒　在甘肅肅州西嘉峪關外撒馬兒罕西七百里城居平川周十餘里帀井繁富户口萬計天氣溫和宜五穀桑麻蔬菜不絶産布帛絲綿六畜大類中

國又西南曰迭里迷新舊二城相去十餘里王居新
城東距阿朮河多魚城内外居民僅數百家孳畜蕃
息河西有蘆林出獅子

哈烈

在甘肅肅州西嘉峪關外撒馬兒罕西南去關
萬七千里一名黑魯漢大宛也元沙哈魯居其地國
人稱爲速魯壇明洪武時遣使詔諭其國石城方十
里平川百里四面大山王居東北山壘石爲屋無棟
梁民土房或氊帳上下呼名王亦然相見微屈躬道
撒力馬力一語人善走日行可三百里候常燠少雨

二十七

帀中流水不斷無正朔甲子七日一周以第一日爲上吉名阿諦納田美多穫宜桑與蠶不祀鬼神祭先于墓婚姻多以姊妹謂爲至親死無棺槨以布囊裹尸瘞之衣尙白喪易青黒酒禁甚嚴每月二十日爲把齋周月始食葷

賓蘭　在甘肅肅州西嘉峪關外西北撒馬兒罕之東西去撒馬兒罕千里撒馬兒罕即罽賓國賓蘭城周三里四面平原流水環繞五穀蕃殖有浮圖爲祈禱之所夏秋間草生黒蜘蛛甚小嚙人土人誦咒禳解

以薄荷枝拂毒處鮮羊肝遍擦其體痛方息行宿必近水避焉會典載西域貢物有賽蘭珠

渴石　在甘肅肅州西嘉峪關外西南三千七百里葱嶺之南撒馬兒罕西南二百六十里城據大村周十餘里四面水田東南近山中有園林故酋帖木兒居也規模宏壯堂四隅白石柱如玉牆壁窗牖飾以金碧琉璃西行十數里供小山多葱思檀菓又西去三百里大山屹立中有石峽兩壁懸崖如斧劈行二三里出峽有門石色如鐵土人云此鐵門關也即元太

祖見角端處

條支　在沙州西南一百五十里陽關西今甘肅安西州燉煌縣其國在葱嶺之西去陽關二萬二千一百里城在山上周迴四十餘里臨西海海水曲環其南及東北三面路絕惟西北隅通陸路漢時通焉人衆甚多往往有小君長安息役屬之以爲外國以地絕遠漢使稀至自玉門陽關出南道歷鄯善而南行至烏弋山離南道極矣轉北而東復馬行六十餘日至安息按後漢書和帝永元中班超遣掾甘英使大秦

抵條支臨大海欲渡而安息西界船人謂英曰海水廣濶往來者逢善風三月乃得渡若遇惡風雨亦有三歲者又曰海中善使人思鄉漢使若不顧父母妻子者則可往矣英聞而止西海到玉門陽關四萬里

玉門關在安西州西北十八里

女國

在甘肅肅州西南三千七百里葱嶺之南其國代以女爲王王姓蘇毗字末羯女王之夫號曰金聚不知政事國內丈夫惟以征伐爲務男女皆以彩色塗面一日之內或數變改之山上爲城方五六里人

有萬家王居九層之樓侍女數百人五日一聽朝復有小女王共理國政亦數與天竺及黨項戰爭其女王死國中貴人剝去皮以金屑和骨肉置于瓶內埋之經一年又以其皮內以鐵器埋之其王若無女嗣位國人乃調歛金錢得數百萬還以死王之族買女而立之隋開皇唐貞觀間皆朝貢又西海之中有女國焉其人皆女有神木一章抱之則感而孕又有狗國焉其婦端好生男皆狗生女皆人

亦力把力　在甘肅肅州西嘉峪關外布古爾之西或

曰焉耆或曰龜茲東西三千里南北二千里元封馬
哈木于此名別失八里明初貢馬永樂十六年頭目
速哥克剌來朝言歪思弒其兄納黑失只罕自立爲
王徙其國東去更號亦力把力後朝貢不絕其國無
城郭宮室逐水草住牧以氊罽爲帳寒暑坐卧于地
有白山中常有火烟出硇砂採者着木底鞋皮者即
焦有熱海數百里番名亦息渴兒然氣候常寒深山
大谷六月飛霜王帶小罩剌瞀䳘翎衣禿袖衫削髮
貫耳俗獷而穢衣服類回回言語類畏兀兒宣德間

哈失哈力遣十四人來貢即其國也又名阿力馬力
皆稱呼之訛

拂菻　在甘肅甘州府西西域極西之地從條支西渡
海曲近萬里約去長安四萬里東南與波斯接地方
萬里古大秦國其人長大平正有類于中國故云大
秦或云本中土人也一名犂鞬一云前漢時犂靬國
其國在西海之西亦云海西國其王理安都城貴臣
十二共理國事其王無常人簡書者立之國有異災
及風雨不時節共廢之漢宣帝時始通唐貞觀開元

宋元豐元祐數至明洪武四年遣其國故民揑古倫賷敕諭之尋朝貢其國地寒土屋無瓦王衣紅黃衣以金線織絲布纏首坐紅床使人昇之不尚戰鬥隣國小有爭但以文字來往詰問鑄金銀爲錢無穿孔面鑿彌勒佛背爲王名自漢後言大秦宮室皆以水晶爲柱珊瑚爲稅琉璃爲牆有金巨秤以金人立其端屬十二丸率時落一丸有眩人能發火于顏手爲江湖足墮珠玉他語皆不經或云國西有弱水流沙近西王母所居去長安二萬餘里幾于日所入矣

木蘭皮　在西海中自大食國舟行百餘日方至一舟容萬人中有酒肆機杼米粒長三寸瓜圍六尺香櫞桃榴並巨羊高數尺尾大如扇春則腹取脂縫合仍活秋風忽起人獸急就水飲稍遲渴死

瑣里　西海中一小國也明洪武五年其王遣使奉金葉表朝貢圖上土地山川賜大統歷金幣永樂元年復朝貢有撒哈剌紅八者藍覬木里白苾諸異布按瑣里一小國耳乃占城暹羅錫蘭柯枝諸大國其至皆瑣里人何地之庳而人之壯耶又有西洋瑣里瀕

海近瑣里差大明洪武間朝永樂二十一年西洋十六國遣使千二百人貢方物西洋瑣里貢獨豐美

阿速　在西海中大國也城倚山面川川南流入海有魚塩耕牧之利俗敬佛畏鬼好施惡爭鬥物產饒裕鮮飢寒寇盜聚落多天方撒馬兒罕諸國人明永樂中遣百二十人朝貢

沙哈魯　在阿速西南海島中山川環抱多產奇貨玉及酋長城居瓦屋庶民旅處城外村落相聚畜產孳息佞佛恥鬥俗號淳直明永樂中遣七十七人朝貢

或曰即古投和國唐貞觀中嘗入貢又有火剌札國
頗微弱四圍皆山山鮮草木水流曲折亦無魚蝦城
僅里許多板屋俗尚佛喜中國磁器針線又有吃力
麻兒山卑水淺西南傍海東北林莽多毒蟲猛獸得
中國雄黄麝香磁器甚喜不事耕田好射獵有達菴
無市肆交易無期用銅錢或曰即俺力麻國又有敏
真誠國亦大多高山深水縛木爲渡以日中市諸賈
畢集見中國磁漆之器爭欲得之又有白松虎兒舊
名速麻里兒國中無大山亦鮮林木無猛獸毒虫之

害先時嘗有白虎出松林中不傷人畜旬月後忽不見國人以爲神虎父老曰此西方白虎降精因更國號白松虎兒又有加異勒西戎小種居人不及千家貧窶之食嘗傭鄰國數國俱永樂中遣使朝貢

麻逸凍　在交欄山西南海中山峻地平氣候稍熱田禾倍收男女椎髻俗尚節義婦人喪夫則削髮務面絶食七日與夫尸同寢多有並逝者得甦亦不再嫁至焚夫日或赴火死又有假里馬丁在海中與交欄山相望其地山列翠屏溪田雖有米穀少收氣候常

熱俗甚暑薄男女髡髮竹布爲衣種芭蕉採其實以代粱又有勿斯里所轄州十六村落三百六十每村供國用一日王白皙纓首着衫出入乘馬導馬三百疋金鞍寶轡虎十頭縻以鐵索臂鷹挾劍以從多至千百人有大塔高二百丈國被兵則據塔拒敵可容二萬衆其國百年無一雨有天江水極甘可浸田江上有鏡他國盜兵來輒先照之

白葛達　海中小國土瘠俗尚佛又有黒葛達國小民貧平川廣野草木暢茂亦尚佛又有討來思在海中

周徑百里城近山山下有水赤色望之如火亦尙佛
王家事以婦人主宜麥稌俱明宣德閒入貢又海外
小國曰打回數爲鄰國所苦已乃治兵與戰戰勝稍
得自立永樂初入貢

咭呤　在海島小國也白布纏首身穿小袖長衫食以
手忌豕見華人輒厭其穢産胡椒蘇木荳蔻象牙附
香山舉貿易又海島小國曰順哈人醜而黑衣布帛
飲食生熟相半婚姻不論貴賤意合則從

答兒密　在海中不百里人不滿千家板屋無城郭産

馬駝牛羊布褐交易兼銀錢刑惟箠扑服屬撒馬兒罕明永樂中遣使十八人朝貢賜大統歷文綺茶藥

又近撒馬兒罕曰失剌思宣德中貢使凡八人又去失剌思數日程曰納失者罕皆舟行海中其國有山林川澤魚虫城東平原饒水草可牧馬馬有數種小者高不過三尺俗重僧所至飲食之尚氣健鬥永樂中遣使十八朝貢

[illegible]林　與阿哇俱永樂中入貢二國皆未詳所在會典載永樂間朝貢者又有急蘭丹國奇剌尼國夏剌比

國窟察尼國烏涉剌踢國魯密國彭加那國捻剌齊國八可意國坎巴彛替國干里達國沙里灣泥國僅存其名而已

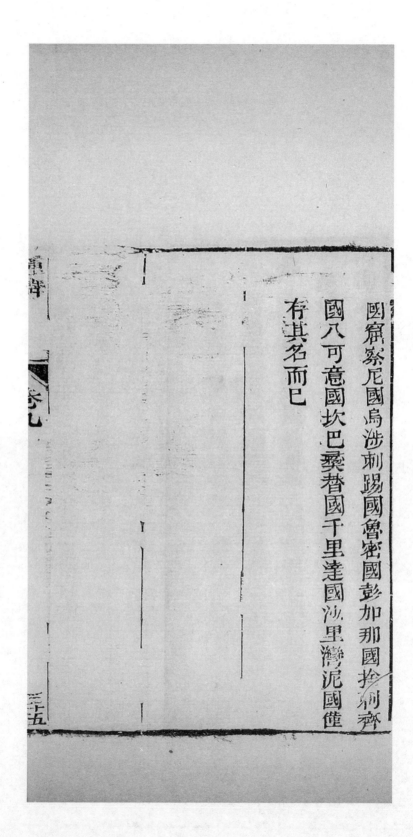

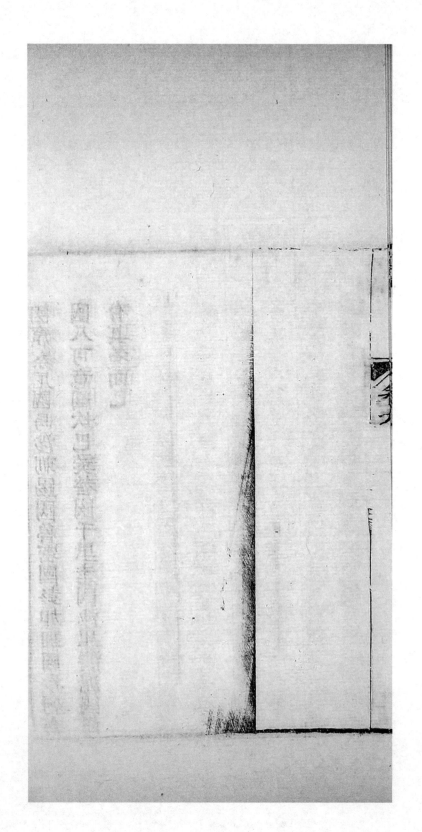

薄海番域錄

絶域一　　山左武定邵大緯星巖氏述

絶域一大國也都城八門稱其君長曰汗其人帽圓簷高五寸以白布爲表中實綿絮簷亦如之似回地阿渾之帽衣對襟長短三疊左右製袋各一行囊提手其中色尙赤衣多紅鬚亦茜草染之幅幀寬廣土地沃肥五穀瓜果繁茂棉花木本高丈許大米酥油爲餱尙宴會善烹飪地多虎豹犀象牛羊驢馬土産自鳴鐘表喀拉明鏡衣斯麥幾爾洋瓷白冰糖金花

白布金銀絲紬緞善製大銅砲名按布拉克一砲非十象四五百人不能推需火葯數萬斛人負葯袋入砲填之砲子大者重三五百觔聾子無算一發掀天裂地又善製自來火鎗可及二百步人户衆盛率多巧思

薩穆　在拉噶爾西北一萬四五千里絶域一大國也幅幀極廣與拉噶爾相似其人皆磚瓦爲屋雕鑿奇巧詭異極爲修整布帛緞錦爲衣衣製精新多織以異鳥之翼地富厚饒貨寶境内有大水縈繞鹹苦人

不能飲寬亦不知其津岸也

阿拉克　在控噶爾西北亦絶域一大國也地寬廣與薩穆相似其工匠尤多巧思冬能使之炎熱夏能使之飛霜以金木造爲人形以供服役皆人力爲之非邪術也

哈塔木　絶域同予之一國也地界鄂羅斯控噶爾之間爲控噶爾之屬國其人多力善射矢不虚發

巴喇哈　絶域一大國也幅幀遼濶人户殷繁多沃野良田屋宇修整土産青金寶石金剛鑽石玻璃産鐵

色白如銀五穀粳糯皆盛山園多新異之果四時常有赤蟒如龍于空中飛舞口噴熱風如火人觸之者須臾病斃惟多食葱蒜大茴之人庶幾可免故人嗜食諸辛之物產獨角野羊大如驢多水牛風俗淫佚惟男風是好語言與西域不通

科罕　西域一部落也築屋而居耕田而食豆穀二麥其常饌也喜造甘酒色如琥珀清冽甘芳人富饒以金銀絲緞喀拉明鏡爲衣倭緞爲領緣繡以金銀絲衣多黑紅二色以海龍皮爲帽長二尺許以紅黑絲

股子皮爲靴木底密布鐵釘土產五穀諸果鋼鐵氷盐海龍黒貂元狐皮牛馬羊甚多不知騸馬人乘牡馬其人刁野凶頑鬥毆即殺人時與哈薩克交通貿易

噶爾洗　絕域一國也其地廣而人稀皆峻嶺高峯多大米芝蔴綠豆其人日飲黃酒取醉男女皆然土產獅子多象

安他哈爾城　絕域一部落也其地多山產諸果皆異種人以核桃松子爲食打牲爲業善製自來火鎗多

白蘑鉛鐵看塔哈爾城同

查爾卓衣城　絕域一部落也無城郭屋宇以氊帳為家地多山石沙墝可耕者稀牲畜少亦不以游牧為業其人貧苦乏食以刼盜為生無鳥鎗弓矢人佩一刀有獸生其地之深山大壑中形全似馬頗調良可羈勒而控之行如星電日逾千里名之曰特克亞壯圖其人懸刀乘獸四出竊刼遠近苦之語言與回子

通賽拉斯城同

噶拉特城　與查納阿拉巴特城謨勒城同一部落亦

絶域也語言與西域各國不同其人皆茜草染鬚居于大水之濱耕者稀專牧放馬牛羊千萬羣以大米魚鰕為常饌呼其水曰阿曼多龍中有黿繆數十丈魚有千丈者皆能吸舟而吞人其地多竹舟行必載竹數巨束以鐵包裹遇其吸水則擲之黿魚自去其水鹹苦不可飲寬幾千萬里

烏爾古特城　與雅爾城佳堪特城帕爾海城同一部落人皆同子甜瓜西瓜有長七尺者有圓如水磨者沙棗之大如梨盤

佧堪特城　與帕爾海城同一部落其地皆山牲畜最
少人于山巔耕種小麥色白如粉大麥碧綠多桑結
椹有赤白黑綠四種長五六寸許人皆採以爲食衣
帽如回也

阿薩爾城　與哈拉多拜城巴拉城哈喇他克城同一
部落亦絶域也亦耕五穀而以豆爲常饌土産金銀
寶石青金玻璃駱駝其羊之肥大如驢境内有河一
道水不可飲飲之則瘖語言與西域不同人各懸劍
爲佩足以牛馬皮烏拉爲靴男女滿面皆毛頭髮光

明錦布子壯則殺父

札納巴特城　與色里卓衣城別什克里城阿色巴拉城同一部落亦絶域也地背山石其人于山下取土漿之山上而後耕種豆麥雨多可以收穫否則無望矣杏大色白而香桑葚大而無核徧滿山谷人皆乾以爲糧極貧者牲畜甚少冬夏惟皮衣一領牛皮烏拉爲靴男女遍身皆毛皆不穿褲

雪山附

在甘肅肅州西六十里嘉峪關外起自關西山南爲

哈密闢展哈喇沙拉庫車阿克蘇烏什葉爾羌和闐喀什噶爾其餘小城無算皆回民聚居所謂南路也山北爲巴里坤烏魯木齊伊犂塔爾巴哈台其餘愛曼譯言村落也亦無算爲準噶爾故地所謂北路也雪山之在中國者嘉峪關外東西綿亘九千里有奇爲南北兩路之分界自葉爾羌山愈高峻西南折入痕都斯坦其高不可測量復折而西或曰直達西海矣按玉門縣志雪山即古祁連山其勢蜿蜒高聳雲外冬夏積雪不消綿亘東西又安西州志載雪山東亘終

南西極崑崙綿延不絕莫見首尾云

本朝開拓新疆二萬餘里幅幀遼濶從古所未有雪山自嘉峪關起界分南北實出塞首善之區也

沙積附

在甘肅肅州西六十里嘉峪關外沙積千里乏水草絕人烟前漢有事于邊陲置安西燉煌之郡歷代爲塞垣要區我

朝于關之西二百九十里設玉門縣又西三百里設安西府附郭之縣曰淵泉乾隆三十九年改爲安西直

隸州裁淵泉縣鎮將同城焉州西即蘇勒故國蹟雖無可騐呼其水爲蘇勒河州南六百里即沙州並新設之燉煌縣其地沙磧尤甚所產之瀚海石尤奇沙州東四站即陽關故址雖存今非大路之所經按燉煌縣志沙州古三危地羌戎所居春秋時謂之瓜州秦漢初爲月支匈奴所據武帝元鼎二年分酒泉置燉煌郡晉因之元帝時張駿分燉煌晉昌高昌三郡及西域都護戊己校尉玉門大護軍三營爲沙州唐爲西沙州宋時先後爲回鶻元昊所據元復立爲沙

州明置沙州衛至正德年間吐魯番據之遂廢
本朝雍正元年置沙州所三年升衛乾隆二十五年裁衛
設燉煌縣隸安西州又陽關在燉煌西南一百五十
餘里漢書西域三十六國東則扼以玉門陽關又沙
州有泉一區深二三尺偃月形俗呼月牙泉水甘清
洌四圍流沙廣漠無垠而此泉不沒古稱陽關西有
不滿沙泉得毋即此

伯克附

按回子之官皆名伯克有阿奇木伯克伊什汗伯克

哈雜納齊伯克商伯克明伯克哈資伯克密拉普伯克等名不一各分品級各有執掌分駐回城均歸辦事大臣統轄

本朝開闢新疆二萬餘里從古所未有也回民各納錢糧緞布金銅硝黃土產之物載在各回城應納賦役

方言附

按蒙古喀爾喀額納德等國方言稱天曰吞格利刺地曰噶會日曰喇勒月曰薩勒風曰薩爾溪大風曰衣客薩爾溪雨曰博能下雨曰博能澍冷諾雲曰屋

禮天晴曰阿冷勒百山曰𣪍喇八曰孔目曰紐都鼻
曰噶木兒口曰阿木足曰捎父曰阿八母曰額葉兒
曰阿不亥主曰額真僕曰奇呑男曰額立女曰額壘
立曰博索坐曰索跪曰色克德叩頭曰莫爾郭靴曰
布呑帶曰布色滿洲帳房曰博斯克臊達帳房曰蒙
古格利騎馬曰莫林吾六非下馬曰莫林色烟兵曰
七冷刀曰色勒們水曰烏藕火曰喀爾碗曰阿葉赫
穈米曰布達牛曰吾克勒羊皮袋曰托隆馬糞曰阿
爾哈布曰博色紐子曰托博即紬線曰禿爾渾吾塔

蘸綿線曰格奔吾塔蘸茶曰差羊曰活紐緞曰脫爾
渾駱駝曰忒墨一曰勒黒二曰懷葉勒三曰姑爾八
四曰德爾百五曰他布六曰朱爾哈七曰多諾八曰
奶嗎九曰一素十曰阿爾邦緞一疋換馬曰脫爾渾
勒黒莫林阿喃即茶二封換羊曰差懷葉勒活紐向
喃即

# 薄海番域錄

補遺一　山左武定邵大緯星巖氏述

濊貊　盛京奉天府東南南接辰韓北與高句驪沃沮接今奉錦二府東窮大海西接樂浪今海城縣等處古朝鮮之地漢光武封其渠帥爲縣侯皆歲時朝賀無大君長自漢已來其官有侯邑君三老統主下户其耆舊自謂與高句驪同種言語法俗大抵相類魏齊王正始六年濊侯等舉邑降四時詣樂浪帶方二郡朝謁有軍政賦調如華人焉其人性謹愿少嗜慾

有廉恥俗重山川山川各有部分不得輒相干涉知種麻養蠶作綿布又頗曉氣候星宿先知年歲豐約又祭虎以爲神

**蝦夷** 在日本國東海島中小國也其人鬚長四尺尤善弓矢插箭于首令人戴瓠而立數十步外射之無不中者唐顯慶四年隨倭國入貢

**扶桑** 在日本國東北文身國東大漢國之東南齊廢帝永和初其國有沙門慧深來至荆州說云扶桑在大漢東二萬餘里亦在中國之東作板屋無城郭有

文字以扶桑爲紙無甲兵不攻戰名國王爲乙祁貴人第一者爲大對盧第二爲小對盧第三爲納咄沙國王行有鼓角導從其衣隨年改易甲乙年青丙丁年赤戊己年黄庚辛年白壬癸年黒嗣王立三年不視國事宋武帝時罽賓國有比丘五人遊行至其國始通佛法象敎焉又云其東千餘里有女國其人容貌端正色甚潔白身體有布髮長委地至二三月競入水則孕娠六七月産子女人胸前無乳項後生毛根白毛中有汁乳子百日能行三四年則成人矣見

人驚避偏畏丈夫梁武帝時有晉安人渡海爲風所飄至一島登山岸有人居女則如中國人而言語不可曉男則人身狗頭其聲如犬吠其食有小豆其衣如布築土爲牆其形圓其户如竇

文身　在日本國東北七千餘里梁時聞焉體有文如獸其額上有三文文大直者貴文小曲者賤土俗歡樂物豐而賤行客不齎糧有屋宇無城郭國王所居飾以金銀珍麗繞屋爲塹廣一丈實以水銀雨則流于水銀之上亦用珍寶

大漢　在日本國東北文身國之東五千餘里無兵戈不攻戰風俗並與文身同而言語異亦梁時聞焉

狼牙修　在廣東廣州府南海中二萬四千里其界東西二十日行南北二十日行土氣物產與扶南畧同其俗男女皆袒而被髮以古貝布爲干縵王及貴臣乃加雲霞布覆累塼爲城有重門樓閣王出乘象兵衞甚設梁時通貢其使云立國以來四百餘年

賓文　在廣東廉州府南海中去合浦日南三萬里漢時通焉俗畧與珠崖相類貢銀硃玉壁琉璃奇石異

大琢圓及二寸而至圓者置之平地終日不停

## 盤盤

在安南之南海大洲中北與廣南隔小海自交州船行四十日至其國梁時通焉其王曰揚粟翨音趐粟翨父曰揚德武連亦不知其來百姓多緣水而居國無城皆豎木爲柵王坐金龍床每坐諸大人皆兩手交抱肩而跪又其國多有婆羅門自天竺來就王乞財物王甚重之有僧尼皆食肉而不飲酒亦有道士不食酒肉讀阿修羅王經其國不甚重之俗皆呼僧爲比丘呼道士爲貪隋大業中朝貢

哥羅　在安南之南海大洲中盤盤國之東南亦曰哥羅富沙羅云其王姓矢黎婆羅名米失鉢羅其理城疊石爲之城有樓闕門有禁衛宫室覆之以草國有二十四州而無縣兵器有弓箭刀矟皮甲征伐乘象其俗非有官者不得上髮裹頭唐天寶初朝貢

婆利　在廣南東南海行可萬里海中洲上自交趾浮海南過赤土丹丹國乃至其國去廣州二月日行國界東西五十日南北二十日行有百三十六聚其地延袤數千里土氣暑熱常如中國之夏穀一歲再熟

草木常榮王出以象駕輿其導從吹螺擊鼓國人善投輪刀其大如鏡中有竅外鋒如鋸遠以投人無不中其餘兵器與中國同俗類真臘物産同于林邑王姓憍陳如自古未通中夏梁天監中來貢其王姓頻伽唐貞觀四年亦朝貢

殊奈

在廣南之南去交趾海行三月餘日崑崙人也習俗與婆羅門同絕遠古未通中國唐貞觀二年朝貢使至

婆登

在廣南之南海行二月到東與訶陵接西與迷

黎連接北鄰大海風俗與訶陵同稻每月一熟有文字書于貝多葉死者口實以金叉以金釧貫于四肢然後加以婆律膏及檀沉龍腦等香薪焚之唐貞觀中朝貢

羅刹　在廣南東南海婆利之東海其人朱髮黑身獸牙鷹爪時與林邑人作市輙以夜晝日則自掩其面其國出火珠狀如水晶日正午以珠承影取艾傢之即火出唐貞觀中林邑國獻來云于羅刹得之或云出師子國

頓遜　在扶南之南海崎上可三千餘里地方千里其國東界通交州西界接天竺安息王並羈屬扶南一曰典遜徼外諸國賈人多至其國市焉所以然者頓遜廻入海中千餘里漲海無涯岸船舶未曾得逕過也其市東西交會日有萬餘人珍物寶貨無物不有梁時聞焉

毗騫　在扶南之南頓遜之外大海洲中去扶南八千里傳其王身長丈二頭長三尺自古來不死莫知其年其王神聖知將來事南方號曰長頭王國俗有室

屋衣服噉粳米其人言語小異扶南國內不受估賓有往者亦殺而噉之是以商旅不敢至王常樓居不血食不事鬼神其子孫生死如常人唯王不死又傳扶南東界即大漲海海中有洲洲上有諸薄國國東有五馬洲復東行漲海千餘里有燃火洲其上有樹生火中洲左近人剝取其皮紡績作布若小有垢汚投火中復更精潔即火浣布梁時聞焉

干陀利　在扶南之南海洲上俗與林邑扶南略同出班布古貝檳榔特精好梁時入貢後無聞焉

社薄　在扶南之東漲海中直渡海數十日至其國隋時開焉人色白皙皆有衣服土有稻田出雞舌香可含雞舌爲木氣辛而性厲禽獸不能至故未識其樹者花熟自零隨水而出才得之按社薄即海中大洲之名其上有十餘國城皆稱王不能盡記

無論　在扶南之西二千餘里隋時開焉其國大道左右夾種枇杷樹及諸花果行其下恒有重陰十里一亭亭有井食麥飯飲葡萄酒味甚甘美

邊斗　在扶南之南一云班斗都昆國一云都君拘利

國一作九雅比嵩國並隋時開焉扶南度金鄰大灣南行三千里有此四國其制作與金鄰國同其人多白色惟都昆出棧香霍香及硫黃

敦樊洲　在扶南之南拘利之南海灣中其人色黑而齒白眼正赤男女並無衣服一名薄郟洲抱樸子云敦樊洲在南海中薰綠水膠所出如楓脂所以不可多得者止患猧狤獸啖人斯獸大者重十斤狀如水獺其頭身他處了無毛惟從鼻上以竟脊至尾上有毛廣一寸許青色長二三分許其無毛處則如韋囊

人張捕得之斬刺不能傷積薪烈火縛以投火中薪盡而此獸不焦雖以大棒打之而皮仍不傷惟俟骨都碎乃死耳

火山　在扶南之東大漲海中諸薄國之東五千里隋時開焉國中山皆有火雖雨不熄火中有白鼠扶南土俗傳云火洲在五馬洲之東可千餘里春月雨霖雨巳則火燃洲上林木得雨則皮黑得火則皮白諸左右洲人以春月採木皮績以爲布即火浣布也或作燈炷用不盡也又有加營國在諸薄國西有山周

三百里從四月火生正月火滅則草葉落如中國寒時人以三月至此山取皮縷爲布同火山所成也

## 訶陵

在眞臘之南婆登之西王之所居竪木爲城造大屋重閣以象牙爲床席之具食以手撮之有山穴每涌而出鹽國人採以調食唐貞觀中遣使獻金花等物云其國別有毒人與常人同止宿即令人身上生瘡若與之交合即致死其涎液沾着木草即枯其人死不臭不爛元和中貢僧祇僮及五色鸚鵡

## 投和

在南海大洲中眞臘之南自廣州西南行百日

至其國王姓披和羅名脯邪乞遥所理城覆屋以瓦並為閣而居壁皆綵畫之城内皆王宮室城外居民可萬餘家王衞士可百人其國市六所貿易皆用銀錢小如榆莢有佛道有學校與中夏不同訊之耆老云王無有姓名齊杖摩共屋以草覆之王所坐塔圓似佛塔金飾門皆東開坐亦東向唐貞觀中朝貢

烏篤

在中天竺南一名烏萇又名烏伏那即北天竺也地方五千餘里百姓殷實人性懦弱頗詭計尤工禁術篤佛法文字禮義畧同天竺而天竺不及之自

古不通中國唐貞觀中其王達摩因陀訶斯遣使貢

龍腦香

褥陀洹　在火羅西北其王姓察失利名婆耶其國海行五月至廣州土無蠶桑以白疊朝霞布爲衣穀有稻麥皆樓居謂之干欄自古不通中國唐貞觀中獻鸚鵡毛羽皓潔頭上有紅毛數十莖與翅齊

多茂　在南海邊國界周廻可一月行南阻大海西俱遊國北波刺國東真陀洹國户口極多置三十州不役屬他國有州郭宮殿樓櫓並用瓦木以十二月爲

歲首五穀蔬果與中國不殊唐貞觀中始通焉

多摩長　在南海島中東與婆鳳西與多隆南與半支跂北與訶陵等國度其界東西可一月行南北可二十五日行其王之先祖龍子也名骨利常得大鳥卵剖之得一女子容色殊妙即以爲妻其王尸羅劬傭伊說即其後也唐顯慶中貢獻其俗無名姓王居以栅爲城板屋坐獅子座仍東向衣物與林邑同勝兵二萬餘無馬有弓刀甲矟婚姻無同姓之別從其國經薛盧都思訶盧君那盧林邑等國方達交阯

哥羅舍分　在南海之南接墮和羅國勝兵二萬餘人其王名蒲越伽摩唐顯慶五年其使發本國至龍朔二年五月到京朝貢

甘棠　在大海之南崑崙人也唐貞觀十年與朱俱婆國朝貢使同日至唐史云太宗謂羣臣曰南方西域自遠而至其故何也房元齡對曰中國乂安帝德遐被帝曰誠如公言向使中國不安何緣而至朕何德以堪之覩此番使懷懼所望卿等匡朕不逮也

金利毘逝　在長安西南四萬餘里行經丹丹國摩訶

新國多隆國者理國婆樓國多郎婆黄國摩羅遊國真臘林邑國乃至廣州東去致物國二千里西去赤土國千五百里南去波利國三千里北去柳衢國三千里其國有城邑庭舍衣朝霞白疊每食先泥上鋪席而後坐國王名本多揚牙前有隊仗甲鍪甲用貝多樹皮其風俗物産與真臘同

驃國

在雲南永昌府西南徼外唐史云貞元八年南詔使來朝驃國王始遣其弟悉利移來朝華言謂之驃自謂突羅朱闍婆人謂之徒里拙古未嘗通中國

魏晉間有著西南異方志及南中八郡志者云永昌古哀牢國也傳聞永昌西南三千里有驃國君臣父子長幼有序然無見史傳者今聞南詔異牟尋歸附心慕乃因南詔重譯遣子朝貢東北距南詔苴咩城六千八百里凡去上都萬四千里在永昌故郡南二千里其國境東西三千里南北三千五百里往來通聘者迦羅婆提等二十國役屬者道林王等九城食境土者羅君潛等二百九十八部落東鄰真臘西接東天竺南盡海濱北通南詔些樂城界其王姓困沒

長名摩羅惹其國相名摩訶斯那其羅城構以塼甓周一百六十里壕岸以構塼相傳本是舍利佛城城內居民數千萬家佛寺百餘區其俗好生惡殺其土宜菽粟稻粱無麻麥男女七歲則落髮止寺舍依禁桑門至二十不悟佛理乃復長髮爲居人不衣繒帛云出於蠶爲傷生也又獻其國樂凡十二曲與樂工三十八來朝獻樂曲皆演釋氏經論之詞意二十一年四月封彌臣國嗣王道勿禮爲彌臣國王

撣國　在雲南永昌府西南徼外漢和帝時其國王雍

由調遣譯奉國珍寶安帝初復朝賀獻樂及幻人能變化吐火自支解易牛馬頭又善跳丸數乃至十自言我海西人海西即大秦也禪國西南通大秦

**昆彌**　在雲南曲靖府西南以西爨之西洱河為界即葉榆河一名昆明其俗與突厥畧同相傳云與匈奴本兄弟國也漢武帝得其地入益州部其後復絕諸葛亮定南中亦所不至唐武德四年嶲州治中吉宏偉使南寧因至其國諭之十二月朝貢其使多由黔中南路而至貞觀中梁建方討蠻降其部落七十二

户十萬九千遣使往西河降其首領十人並數十百部落接即松外諸蠻

附國　在四川西北二千餘里接汶山郡今茂州即漢之西南夷有嘉良夷即其東部所居種姓自相率領不相統一隋大業三年其王遣其弟子宜林率嘉良夷六十人朝貢又南有薄緣夷西有女國其東北連山綿亘數千里接黨項及諸羌界其人並無姓氏其地南北八百里東西千五百里無城柵壘石為巢而居巢高至十餘丈有二萬餘家其土高氣候涼多風

少雨

## 且末

在甘肅肅州西嘉峪關外雪山之南布古爾西龜茲國之東南去長安六千八百二十里西北至安西都護治所二千二百五十里北接尉犂丁零東接白題西接波斯精絕南至小宛可三日行漢時通焉王理且末城其王安末深盤梁武帝時獻貢梁書謂之末國其國西北有流沙數百里夏月有熱風爲行旅之患風之末至橐駝先知卽鳴而聚立埋口鼻于沙中人以爲候卽將氊擁蔽鼻口其風迅駛斯須過

肆若不防者必至危幾矣

扜彌　在甘肅肅州西嘉峪關外雪山之南布古爾西龜茲國之南去長安九千三百里東北至安西都護理所三千五百五十三里南與渠勒東北與龜茲西北與姑墨接西通于闐四百里漢時通焉王理扜彌城戶二千三百四後漢謂其國曰拘彌居寧彌城亦曰寧彌城國順帝時爲于闐王放前所破殺其王與陽嘉初燉煌太守徐由遣疏勒發兵擊之破于闐遂立拘彌王靈帝熹平中又爲于闐所破殺掠殆盡衆

絕千口

迷密　在西域今甘肅肅州西嘉峪關外三千七百里葱嶺之西後魏書西域傳迷密國都迷密城在者至拔西去代一萬二千六百里正平元年遣使獻一峯黑橐駝

姑默　在甘肅肅州西嘉峪關外布古爾西龜茲國之西六百七十里漢時通焉王理南城去長安八千一百五十里户三千五百東至都護理所一千二十一里南至于闐馬行十五日北界接烏孫其地出銅鐵

雌黄東通龜兹王莽時其王丞殺温宿王并其國至
後魏時役屬龜兹相去六百七十里

温宿　在甘肅肅州西嘉峪關外龜兹國西姑默之西
二百餘里王理温宿城按顏師古漢書注云今雍州
醴泉縣北有山名温宿嶺者本因漢時得温宿國人
令居此地田牧因以爲名去長安八千三百餘里户
二千二百東至都護理所一千三百餘里西至尉頭
三百里北至烏孫赤谷六百餘里土地物類所有與
鄯善諸國同至後魏時亦役屬龜兹

烏秅

在甘肅安西州燉煌縣西南一百五十里陽關西五千九百里漢時通焉王理烏秅城去長安一萬二千五百東至都護理所四千九百里北與子合蒲犂西與難兜接人皆山居田石間有白草累石爲室人接手飲出少步馬細步也有驢無牛西有懸度懸度者石山也谿谷不通以繩索相引而度爲名也其國後魏又相通謂之權於摩國

難兜

在甘肅肅州西北三千七百里葱嶺之西罽賓國東北三百三十里漢時通焉去長安一萬一百里

户五千東北至都護理所二千八百里西至無雷三百四十里南與婼羌北與休循西與大月氏接種有五穀與諸國同屬罽賓

莎車

在甘肅安西州西南四千里又西至疏勒五百六十里西南至蒲黎七百四十里去長安九千九百五十里漢時通焉理莎車城户二千三百漢宣帝時莎車王殺漢使者約諸國背漢會馮奉世使大宛以便宜發諸國兵擊破之傳其首詣長安諸國因是悉平威振西域至王莽亂匈奴畧有西域惟莎車不肯

附屬光武初西河大將軍竇融承制立其王康爲漢莎車建功懷王西域大都尉五十五國皆屬康死弟賢代立詣闕貢獻于是西域始通葱嶺以東諸國皆屬賢號賢爲單于賢後攻殺龜兹王遂兼其國立其子則羅爲龜兹王其烏壘大宛於寘姑默子合等國悉被賢改易其王莎車相且運等慮賢驕暴密謀反城降於寘王廣德攻莎車賢乃輕騎出廣德遂執賢殺之匈奴聞廣德滅莎車遣兵將賢質子不居徵立爲王廣德又攻殺之立其弟齊黎爲莎車王至章帝

時班超發諸國兵擊破之由是遂降漢

曹國　在甘肅安西州西北十八里玉門關外大宛西北康居之西北百里又西北至何國一百五十里去瓜州六千六百里隋初時通焉都那密水南數里舊是康居之地國無王康國王令子烏建領之勝兵千餘人國中有越于瓜城內有得悉神自西以東諸國人並敬事之好淫祠罄貲産而無悔其神有金人焉金破羅濶丈有五尺高下相稱漢天子所賜神每月以駝十頭馬十疋羊百口祭之常有千人食之不盡

唐武德四年朝貢使至云木國以臣爲健兒聞泰王神武願隷麾下高祖大悅後朝貢不絶天寶三年詔封其王哥邏僕爲懷德王四年哥邏僕上表自陳曾祖以來向天可汗忠赤受徵發望乞恩慈將奴國王同於唐國小小所須驅遣奴身一心爲國征討至十一年其王設阿忽與國副王野解及九國王上表請同心擊黑衣大食國元宗慰勞之又有中曹國在西曹國之東唐國之北其所治迦底真城在平川其人長大工於戰鬥又有西曹國理那密水南瑟底痕城

米國　在甘肅安西州西北十八里玉門關外大宛西北康居之東南百里東至蘇對沙那國五百里本漢康居地都那密水西無王城王姓昭武康國王之支庶

何國　在甘肅安西州西北十八里玉門關外康居西北曹國之東一百五十里西去少安國三百里東去瓜州六千七百五十里隋時通焉亦都那密水南數里亦舊康居地也王亦康國族類國城樓北壁畫華夏天子西壁則畫波斯拂菻諸國王東壁則畫突厥

婆羅門諸國王勝兵千人風俗與康國同記年不識
卯酉辰巳惟數雞兎龍蛇唐貞觀中朝貢

史國　在甘肅安西州西北十八里玉門關外康居之南二百三十里南去吐火羅五百里西去那色波國二百里東北去米國二百里東去瓜州六千里都獨莫水南十里亦舊康居地王亦康國庶支勝兵千餘人其俗衣服與康國同隋大業中始通中國後漸強盛乃創建乞史城爲數千萬郭一邑二萬家開元十五年貢胡旋女子及豹天寶中詔改其國爲來威國

其那色波國今亦謂之小史國役屬之

奄蔡　在甘肅安西州燉煌縣西南一百五十里陽關西八千餘里與康國接西去大秦國東南二千里控弦十餘萬與康居同俗而去康居土屬温和臨大澤無涯岸畜牧逐水草蓋近北海至後漢改名阿蘭那國魏時曰粟特國一名温那沙後漢書云初匈奴殺其王而有其國至文成帝初朝貢其王忽倪巳三世矣周武帝時亦遣使貢

滑國　在甘肅肅州西嘉峪關外西北三千七百里葱

嶺北二百里于闐之西車師之別種也漢順帝時八滑從班勇擊北虜有功漢以八滑爲後部親漢侯自晉魏不通中國至梁天監中始貢獻元魏之居桑乾也滑猶爲小國屬蠕蠕後稍強大征其旁國波斯盤盤罽賓焉耆龜茲疏勒姑墨于闐勾盤等國其王坐金床隨太歲轉無文字以木爲契無官職事天神火神每日則出户祀神而後食親死其子截一耳葬訖即吉言語待河南人譯然後通至後魏時謂嚈噠國

嚈噠　在甘肅肅州西嘉峪關外于闐之西東去長安

一萬一千里去瓜州六千五百里其原出于塞北白金山而南在于闐之西至後魏文帝時已八九十年西域康居于闐疏勒安息及諸小國三十餘所皆役屬之號爲大國按劉璠梁典滑國姓嚈噠後以姓爲國號訛傳又謂之悒怛又西域志其本原或云車師之種或云高車之種或云大月氐之種又韋節西番記親問其國人並自稱挹闐又按漢書陳湯征郅支康居傳王挹闐抄其後重此或康居之種類然傳自遠國夷人語說年代綿邈莫知根實不可得而辨

也

車離　在甘肅肅州西嘉峪關外雪山之南去關二千餘里天竺國之東南三千餘里大國也後漢時通焉居沙奇城一名禮惟特一名沛隸王其土氣物類同天竺別城數十皆稱王其人怯弱地東西南北方數千里人俱八尺乘象駝往來鄰國有寇乘象以戰

高附　在甘肅安西州西北十八里玉門關外大宛國西大月氏之西南後漢時通焉亦大國也其俗似天竺而弱善賈販內富于財所屬無常天竺罽賓安息

三國強即得之弱則失之

小人國　在甘肅甘州府西西域極西之大秦國南軀絶三尺其耕稼之時懼鶴所食大秦每衛助之小人竭其珍以酬報按大秦國即拂菻

烏弋山離　在甘肅肅州西嘉峪關外西北三千七百里葱嶺南罽賓之西去長安萬二千二百里不屬都護户口至多亦大國也漢時通焉東北至都護理所六十日行北與撲桃東與罽賓西與大秦條支接行可百餘日乃至條支按魏書其國一名排特

安息　在甘肅肅州西嘉峪關外三千七百里葱嶺之西並大宛之西可數千里不屬都護北與康居東與烏弋山離西與條支接焉去長安一萬一千六百里王理番兜城其屬大小數百城池方數十里最大國也地臨媯水旁行爲書契漢武帝始遣使至安息其王令騎迎于東界木鹿城號爲小安息去王都又數千里行北過數十城人户相屬按西域記自安息西行三千四百里至阿蠻國從阿蠻西行三千六百里至斯賓國從斯賓南行渡河又西至於羅國九百六

十里安息國西界極矣自此南乘海乃通大秦其土
多海西珍奇異物焉至後周王理蔚搜城來朝貢隋
書王姓昭武與康國同族都在那密水南又撥小安
息國一名渴汗國治渴汗城在安息東界西域傳安
息東界木鹿城爲小安息又西域道里記云康居國
王之先兄弟十八分居王國其一即渴汗國也城可
十餘里有户二萬

大夏　在甘肅安西州西北十八里玉門關外大宛西
南二千餘里嬀水南其俗土著有城屋與大宛同俗

去漢萬二千里居漢西南本無大君長城邑往往置小君長其兵弱畏戰善賈市及大月氏西徙攻敗之皆臣畜共稟漢使者同受節度撥大夏人多可萬餘有市販賈諸物東南接身毒國皆屬大月氏

白蘭　在四川茂州雜谷廳西南東北接吐谷渾西北至叱利模徒南界鄀鄂西羌之別種名風俗物産與宕昌同後周武帝時朝獻使至唐顯慶中爲吐蕃所滅

大羊同　在甘肅蘭州府河州吐谷渾西南吐蕃之西

境相接東西千餘里勝兵八九萬地多風雪氷厚丈餘物産同吐蕃無文字但刻木結繩而已其王姓羌葛有四大臣分掌國事唐貞觀中來貢後爲吐蕃所滅分其部衆散置隙地

悉立　在甘肅蘭州府河州吐谷渾西南吐蕃之西南户五萬有城邑村落依溪澗羈事吐蕃唐時入貢

章求拔　在甘肅蘭州府河州西南悉立國之西南或云章揭拔本西羌種也居四山之内近代移出山西接通東天竺遂改衣服變西羌之俗因而附焉其地

延袤八百里勝兵二千餘人居無城郭好爲寇掠商旅患之唐貞觀中朝貢

泥婆羅

在甘肅蘭州府河州西南吐蕃之西其俗翦髮與眉齊食用手多商賈少田作俗重博戲頗解推測盈虛兼通算術事五天神其地有阿耆婆瀰池周廻二十餘步以物投之即生烟焰懸釜而炊須臾而熟唐永徽中王尸利那連陀羅遣使朝貢

軒渠

在西域其國多九色鳥青口綠頸紫翼紅膺紺頂丹足碧身緗背元尾亦名九尾鳥亦名錦鳳其青

多紅少者謂之繡鸞從弱水西來或云是西王母之禽也其國多幣貨同三童國

三童　在西域軒渠國西南千里人皆眼有三睛珠或有四舌皆爲一種聲亦能俱語常貨多用蕉越犀象作金幣率効國王之面亦効王后之面若丈夫交易則用國王之面王死則更鑄

薄海番域錄

補遺二

山左武[illegible]部大[illegible]

波斯　在西域東去長安一萬五千三百[illegible]
百里東南去穆國四千餘里西去拂菻四[illegible]
後魏書西域傳云波斯在忸密西都宿利城條支
之故地也大月氏之別種其先有波斯匿王其子孫
以王父字爲氏因爲國號焉王姓波斯戶卜蘇輿[illegible]
人號王曰醫贊妃曰防率王之諸子曰殺野後魏通
焉突厥不能服其國亦羈縻領之西魏及隋唐皆來

貢咸亨中其國王卑路斯自來朝貢高宗厚加恩異
使裴行儉將兵送還國以其路遠至安西碎葉而還
卑路斯獨返不得入其國漸爲大食所侵客於吐蕃
大羅二十餘年有部落數千人後漸離散至景龍二
年來朝無何病卒其國遂滅而部曲存俗事天地日
月水火諸神尊右下左西域諸戎事火祆者皆詣波
斯受法婚合不擇尊卑于諸夷中最爲醜穢以六月
爲歲首出名馬又多駿犬今所謂波斯犬也

澤散　在西海中屬大秦國其理在海中央北至驢

水行用半年風疾時一月到最與安息城谷相近西南詣大秦不知里數魏時聞焉

驢分　在西海之濱魏時始通屬大秦國渡海飛橋長二百二十里發海道西南行繞海直西行至焉

堅昆　在甘肅安西州西北玉門關外大宛西北康居之西北魏時聞焉勝兵三萬人隨水草畜牧多貂有好馬

呼得　在甘肅肅州西嘉峪關外西北三千七百里葱嶺之北烏孫西北康居東北勝兵萬餘人隨畜牧出

好馬亦有名貂

丁令　在甘肅肅州西嘉峪關外西北三千七百里葱嶺之北烏孫西康居北勝兵六萬人出名鼠皮此土三國堅昆中央俱去匈奴單于庭安習水七千里南去軍師六國五千里西南至康居界三千里西去康居王理八千里戎以爲此丁令即匈奴丁令也而北丁令在烏孫西似其別種也又匈奴北有屈射國鬲昆國新黎國明北海之南有自復丁令國非此烏孫之西丁令也烏孫長老言北有丁令有馬脛國其人

聲音似雁鶩從膝巳上身頭人也膝巳下生毛馬腦馬蹄不騎馬而走疾于馬勇健敢戰魏時聞焉

短人國　在甘肅安西州玉門關外大宛西北康居之西北可萬餘里魏時聞焉男女皆長三尺人衆甚多去奄蔡諸國甚遠國中甚多真珠夜光明月珠見者不知名此國號以意商度突厥本末記亦云突厥窟北馬行一月有短人國長者不逾三尺亦有二尺者頭少毛髮若羊胞之狀突厥呼爲羊胞頭國其旁無別種類相侵俗無盜寇但有大鳥高七八尺恒將短

人而食之皆持弓矢以爲之備按此亦在西北即魏畧曰短人國者也

悦盤

在烏孫西北今甘肅安西州燉煌縣西北也乃北單于之部落昔爲漢車騎將軍竇憲所逐北單于度金微山西走康居其羸弱不能去者住龜兹北地方數千里衆二十餘萬凉州人猶謂之單于王魏太平真君九年朝獻送幻人稱能割人喉脈令斷擊人頭令骨陷皆出血淋漓或數升或盈斗以草藥納其口中令嚼咽之須臾血止養瘡一月復常又無痕瘢

取死罪囚試之皆驗云中國諸名山皆有此草乃使
人受其術而厚遇之

伏盧尼　在西域波斯國西北理伏盧尼城有大河南
流中有鳥其形似人亦有似橐駝馬者皆有翼常居
水中出水便死後魏通焉

朱俱波　在甘肅肅州西嘉峪關外西北三千七百慈
嶺之北二百里亦名朱居槃國漢子合國今併有漢
西夜蒲犁依耐得若四國之地去燉煌二千八百里
在于闐國西千餘里其西至渴槃陁國南至女國三

千里北至疎勒九百里其俗崇飾佛法言語與于闐相似其間小異人貌多同華夏亦類疎勒文字同於波羅門王本疎勒國人後魏通焉

渴槃陁　在甘肅肅州西嘉峪關外西北三千七百里葱嶺中西至護密國其南至懸度山無定界北至疎勒國界西北至判汗國近朱俱波國亦名漢陁亦名渴羅陁後魏通焉王本疎勒人累代居此有戶二千餘衣服言語與于闐相似書與波羅門同咸事佛懸度山在國西四百里與葱嶺連屬行人由之莫

能分別俗號極凝山今按葱嶺周環其國

粟弋 在甘肅肅州西嘉峪關外西北三千數百里葱嶺之西一名粟特一名特拘夢後魏通焉出好馬大禾高丈餘子如胡豆在安息北五千里附庸小國四百餘城太武帝時朝貢魏書西域傳粟特一名溫那沙古之奄蔡國按弋一國也十三州志奄蔡粟特各有長而魏收以爲一國謬也

阿鈎羌 在甘肅安西州西南四千里莎車之西南去代一萬三千里今山西大同等處國西有縣度山其

間四百里中往往有棧道下臨不測之淵人行以繩索相持而度有五穀諸果後魏通焉

副貨　去代一萬七千里今直隸宣化易州山西大同朔平等處古代地也東去阿富使且國西至沒誰國中間相去千里南有連山不知名北至奇沙國相去千五百里國王有黃金殿殿下有金馳七頭各高三尺後魏孝文時朝貢

疊伏羅　去代三萬一千里今山西大同等處國中有勿悉城北有彊奇水西流有白象後魏通焉

賒彌　在西域波斯之南山居不崇佛法專事諸神不解書算不知陰陽國人剪髮婦女爲團髮亦附嚈噠東有鉢盧勒國路險緣鐵鎖而度下不見底後魏時遣宋雲等使於彼不達

石國　在甘肅安西州西北玉門關外大宛之北東與北至西突厥界至波臘國界西南至康居界南至率都沙那國界南去鏺汗六百里東南去瓜州六千當長安西北萬四百十里從此至西海已來三月至九月天無雲雨皆以雪水種田居於藥殺水都柘折城

一名赭支一名大宛方千餘里本漢大宛北鄙之地王姓石名涅國城之東南立國置座于中正月六日七月十五日以王父母燒餘之骨金甕盛之置床上巡繞而行散以香花雜果王率臣下設祭焉隋及唐初皆朝貢顯慶中列其地瞰羯城爲大宛都督府開元初其蕃王莫賀咄吐屯有功封石國王天寶九年高仙芝奏其王無蕃臣禮擒王及妻子歸京師斬之自後西域背怨仙芝所擒王之子西走大食引其兵至怛羅斯城仙芝軍大爲所敗自是西附大食按杜

環經行記碎葉國從安西西北千餘里勃達嶺嶺南大唐北界嶺北是突厥騎施南界西南至葱嶺二千餘里其水嶺南流者盡過中國而歸東海嶺北流者盡經夷地而入北海又北行數日度雪海其海在山中春夏常雨雪故曰雪海海中有細道道旁往往有水孔嵌空萬仞轉墮者莫知數在勃達嶺北行千餘里至碎葉川其川東頭有熱海茲地寒而不凍故曰熱海也又有碎葉城天寶七年使王正見薄伐至此城壁摧毀邑居零落昔交河公主居止之處今建大

雲寺猶存其川西接石國約長千餘里川中有異姓部落有異姓突厥各有兵馬數萬曰尋干戈凡是農人皆擐甲冑專相虜掠以爲奴婢其川西頭有城名曰怛羅斯石國大鎮卽高仙芝軍敗之地又石國之南有瑟匿國其俗不好商賈風俗畧與康國同

吐火羅　在甘肅肅州西嘉峪關外西北三千七百里葱嶺之西數百里在烏滸河南卽嬀水也其北界大宛之地南去曹國一千七百里東去瓜州六千七百里一名土豁宜後魏時吐呼羅國也其王號葉護勝

兵十萬人皆善戰隋時通焉唐初屬西突厥高宗初獻大鳥高七尺其色元足如駝鼓翅而行日三百里能噉鐵夷俗謂爲駝鳥以後朝貢不絶乾元元年與西域九國遣兵助國討逆肅宗令赴朔方行營

俱闌

在甘肅肅州西嘉峪關外西北三千七百里葱嶺之西與吐火羅接一名俱羅弩國南抵雪山地險窄物產惟出金精唐貞觀中使至

劫國

在甘肅肅州西嘉峪關外西北三千七百里葱嶺中西與南俱與賒彌國界西北至悒怛國去長安

萬二千里隋時聞焉有户數萬婚姻同突厥土俗與
嚈噠同人面似山羌無尊卑之禮

陁羅伊羅　在烏茶國北大雪山坡上緣梯登山接七
百梯方得其國隋時聞焉

越底延　在甘肅安西州燉煌縣西南五千四百里南
至婆羅門國三千里西北至賒彌國千餘里東至辛頭
河北其王婆羅門種類户數萬俗清潔氣候暖事佛
書同婆羅門隋時聞焉

大食　在西域波斯國之西或云隋大業中有波斯奠

人渡怛曷水若有神助得刀殺人刼奪商旅其衆漸
盛因招附諸夷有夷人十一來據次第摩首受化為
王此後衆漸歸附遂割波斯西境自立為王姓大食
氏名徽密莫末膩又破拂菻及婆羅門城所當無敵
兵衆有四十二萬有國已四十四年矣初王已死次
傳第一摩首今王即是第三唐開元中遣使來朝乎
立不拜云本國惟拜天神雖見王亦不拜所司屢詰
責之其使遂依漢法致拜按賈耽四夷述云隋開皇
中大食族中有孤列種代為酋長種有二姓一曰盆

尼末換二曰奚深後末換殺其兄伊疾而自立性復
殘忍其下怨之有呼羅栅木鹿人並波悉林舉義兵
擒末換殺之遂求得奚深種孫阿蒲羅拔立之自末
換巳前謂之白衣大食阿蒲羅拔後改爲黒衣大食
至德初朝貢代宗立爲元帥亦用其國兵收兩部貞
元初與吐蕃爲剠敵蕃兵大半西禦大食故鮮爲邊
患其力不足也其境東西萬里與突施相接

乙弗敵　在甘肅蘭州府河州吐谷渾之北國有屈海
周廻千餘里衆有萬落風俗與吐谷渾同然不識五

穀惟食魚與藕子其狀若中國苟杞子西有契翰一
部風俗亦同土特多狼

軻比能　在遼西右北平漁陽塞中今直隸撫寧豐潤
薊州等地也以道遠不知里數本小種鮮卑以勇健
斷法平端不貪財物衆推以爲大人部落近塞自袁
紹據河北中國人多亡叛歸之教作兵器鎧楯頗學
文字遂強盛控弦十萬餘騎餘部大人皆敬憚之然
猶未能及檀石槐也至青龍元年比能誘說步度根
使叛并州其後幽州刺史王雄遣勇士韓龍刺殺比

能更立其弟素利彌加厥機皆爲大人在遼西右北平漁陽塞外道遠初不爲邊患然其種衆多于比能也其後諸子孫爭立國衆離散諸部大人慕容托跋更盛焉

宇文莫槐 出遼東塞外今 盛京奉天府以東世爲東部大人後姪孫漠瘣立部衆強盛自稱單于塞外諸部咸畏憚之先得玉璽三紐自言爲天所相俗謂天曰宇故自號宇文至孫乞得龜爲慕容瘣所敗部人逸豆歸殺乞得龜而自立又爲慕容皝所敗皝徙

其部五千餘落于昌黎今隸永平府自是滅散矣後
周宇文氏源出于此按晉史謂之鮮卑後魏書云其
先匈奴南單于之遠屬又按後周書云出自元帝所
滅子孫逃漠北鮮卑奉以爲主今考諸家之說其鮮
卑之別部耳

徒河段　出於遼西今　盛京錦州府廣寧縣以西之
地及永平府等處一名曰陸眷因亂被賣爲漁陽烏
桓大人庫辱官家奴諸大人集會幽州皆持唾壺惟
庫辱官獨無乃唾日陸眷口中日陸眷因咽之西向

拜曰願使王君之智慧祿相盡移入我腹中其後漁
陽大饑庫辱官以日陸眷爲健使將人衆詣遼西逐
食詔誘亡叛遂至強盛日陸眷死後至姪務勿塵據
有遼西之地而臣于晉封遼西公假大單于印綬統
三萬餘家控弦四五萬騎至其弟護遼爲王爲慕容
皝所殺弟鬱蘭奔石季龍以所從五千人配之屯
令支今盧龍縣及冉閔之亂其子段龕率衆南移遂
據齊地慕容儁使弟恪伐龕於廣固今青州府昌樂
縣坑其徒三千餘人國遂滅按今錦州府錦縣寧遠

州俱漢之徒河縣地

慕容氏　在遼東今　盛京奉天府亦東胡之後別部鮮卑也晉史云有熊氏之苗裔因山爲號魏初渠帥有莫護跋率諸部入居遼西今錦州府廣寧縣以西後從司馬宣王討公孫淵有功拜率義王始建國于棘城之北時燕代多冠步搖冠護跋見而好之乃斂髮襲冠諸部因呼之爲步搖其後音訛遂爲慕容焉或云慕二儀之德繼三光之容遂以慕容爲氏至孫涉歸魏封爲鮮卑單于遷居遼東于是漸慕華夏之

風矣涉歸有子二長曰吐谷渾西遷湟河之間今河州次曰廆有命世才畧始遷於徒河之青山以大棘城即帝顓頊之墟乃移居之今永平府撫寧自稱鮮卑大單于晉亂招撫華夷而奉晉室用禮不闕至皝嗣雄毅多權畧日以强盛遂自稱燕王儁暐即其子孫也

高車

在山西大同府之北古赤狄之種也初號爲狄歷北方以爲勑勒即鐵勒諸夏以爲高車丁零焉或云其先匈奴之甥也其種有狄氏袁紇氏斛健氏解

枇氏護骨氏異氏奇斤氏其俗云匈奴單于生二女
姿容甚美單于曰此女安可配人將以與天乃於國
北無人之地築高臺置二女於其上曰請天自迎之
乃有一老狼晝夜守臺嘷呼因穿臺下爲穴經時不
去其小女曰吾父以我與天而今狼來或是神物將
下就之其姊大驚曰此是畜無乃辱父母妹不從乃
下爲狼妻而產子後遂滋繁成國故其人好引聲長
歌有似狼嘷本無都統大師黨種各有君長後徙於
鹿渾海西北百餘里部落強大常與蠕蠕爲敵亦每

侵盜於魏道武帝襲破其雜種三十餘部至太武又
降其衆數十萬皆徙置漠南千里之地高車之族又
有十二姓爲蠕蠕所役屬靜帝時越居子去賓自蠕
蠕奔後魏封爲高車王拜肆州刺史今山西忻州死
於鄴今河南彰德至隋有突厥失國即後魏之高車
國也

稽胡　在離石以西今山西汾州府永寧州安定以東
今甘肅涇州鎮原縣及固原州等處一曰步落稽蓋
晉時匈奴別種劉元海五部之苗裔也或云山戎赤

狄之後地方七八百里居山谷間種落繁熾雖分統郡縣列於編户然輕其徭賦有異齊人山谷阻深者未盡役屬而兇悍恃險數爲寇亂後魏明帝時有劉蠡升者居雲陽谷自稱天子立年號署百官後爲齊神武所滅後周明帝時延州稽胡郝阿保郝狼皮率其種人附于齊氏周武帝敗齊師於晉州乘勝逐北齊人所棄甲仗未暇收斂稽胡乘間竊出並盜而有之乃立蠡升孫没鐸爲主號聖武皇帝後齊王憲討破之自是寇盜頗息矣

薛延陀　在山西大同府西北大磧之外金山西南鐵勒之別種前燕慕容儁時匈奴單于賀剌頭率部三萬五千來降延陀葢其後也與薛部雜居因號薛延陀可汗姓壹利吐氏世爲強族初蠕蠕之滅也並屬于突厥而部落中分在鬱督軍山者東屬於始畢在貪汗山者西屬于葉護其主夷男唐貞觀中朝聘封爲毗伽可汗居大漠之北俱淪水南去長安萬四千餘里後鐵勒僕骨同羅共擊薛延陀大破之乎多彌可汗以太宗征高麗遂寇夏州執失思力擊敗之多

彌輕騎遁走部內騷然聞太宗發兵入其界與數十
騎投阿史那[illegible]爲回紇所殺宗族殆盡衆尚五萬立
咄摩支爲酋帥遣使請居鬱督軍山之北使崔敦禮
李勣就安撫之咄摩支惶駭潛謀拒戰因縱兵滅之
延陀以貞觀初建牙於磧北歷三王凡二十二年

歌邏祿　在山西大同府西北大磧之外金山之西本
突厥之族也與車鼻部落相接薛延陀破滅之車鼻
人衆漸大歌邏祿率其下歸之及高偘之經畧車鼻
也歌邏祿相繼來降仍發兵征之及車鼻破滅歌邏

滌莫刺婆娑踏賓力三部落並詣闕朝貢

僕骨　在山西大同府西北大磧之外洛河北鐵勒之別部習俗與突厥畧同在多濫東境勝兵萬餘與同羅宿敦鄰好最居北偏先臣於頡利苦頡利政亂後附薛延陀唐貞觀中朝貢及延陀之滅也其人酋婆匐俟利發歌濫伏延詣闕內附

同羅　在山西大同府西北大磧之外洛河之北去長安萬七千五百里户萬五千鐵勒之別部也初臣突厥苦頡利政亂唐太宗時其酋俟利發時健啜內附

中間無聞洎天寶初其酋帥阿布思以萬餘帳來降
處之朔方河南之地給其廩食至十年背叛刼畧諸
姓部落渡河還漠北尋爲回紇所破黨衆離散阿布
思後奔葛羅禄節度程千里購之以獻戮於京師

都波

在山西大同府西北大磧之北南去回紇十三
日行鐵勒之别種也分爲三部自相統攝結草爲廬
無牛羊不知稼穡叚百合草根以爲糧兼捕魚射獵
爲食莫知四時之候向未通中國聞骨利幹來通唐
貞觀中遣使朝貢

拔野古　在山西大同府西北大磧之外洛河之北亦鐵勒之別部也在僕骨東境勝兵萬餘口六萬人其地豐草人皆殷富其酋俟利發屈利失唐貞觀中舉部來降其地東西千餘里曰康干河投松木入水二年化爲石其色青有國人居住其人謂之康干石八皆能著木脚冰上逐鹿以耕種射獵爲業多好馬

多濫葛　在山西大同府西北大磧之北金山之西南延陀東界居近同羅水勝兵萬人自古未通中國唐貞觀中其大酋俟斤多濫葛共率所部朝見

解薛　在山西大同府西北大磧之北金山西南多濫葛北境鐵勒之別部也兩姓合居勝兵七千

吋跌　在山西大同府西北大磧之北金山西南亦鐵勒之別部也在多濫葛西北勝兵千七百隋代號訶咥部是也遷徙無常所

契苾羽　在山西大同府西北大磧之北金山西南多濫葛之南境也兩姓合兵二千

鞠國　在山西大同府西北大磧外洛河之北拔野古東北五十日行其國有樹無草但有地苔無羊馬家

畜鹿牽車可勝四人衣鹿皮食地苔聚木爲屋尊卑
共居其中
榆枍　在山西大同府西北大磧外鞠國之東十五日
行其土地寬大百姓衆多風俗與拔野古同少牛馬
多貂鼠骨咄也
大漠　在山西大同府西北大磧外洛河北鞠國之東
多羊馬人極長大長者至丈三四尺聞其國北有骨
師國與大漠接户萬五千勝兵三萬自鞠國以下並
是唐貞觀三年朝貢使至

白霫

在山西大同府西北大磧外洛河北拔野古之東與靺鞨爲鄰勝兵萬人並臣於頡利習俗與突厥同唐貞觀中朝貢列其地爲寘顏州顯慶五年以酋長李含珠爲居延都督自後無聞焉

庫莫奚

在營州東北二千餘里今盛京奉天府其先東部鮮卑宇文之別種也初爲慕容皝所破遺落者竄匿松漠之間在柳城郡之北其俗甚不潔而善射獵好爲寇掠及突厥興而臣屬之後稍強盛分爲五部一辱紇主二莫賀弗三契箇四木昆五室得理

饒樂水北即鮮卑故地每部置俟斤一人爲其帥隨
逐水草其後欵附至隋號曰奚自突厥稱蕃之後亦
遣使入朝唐時朝貢不絶至德後其蕃多擅封壤朝
廷優容之彼務自完俟斤益謹不生邊事故二蕃少
爲寇二蕃者奚與契丹也

地豆于

盛京奉天府北千餘里室韋之西千餘里多
牛羊出名馬皮爲衣服無五穀惟食肉酪魏時朝貢

烏落侯

盛京奉天府西北四千餘里地豆于之北魏
太武時來朝稱其國西北有魏先帝舊墟石室南北

九十步東西四十步高七十尺室有神靈人多祈請遣李敞祭告焉刊祝文於石室之壁而還唐貞觀中朝貢云烏羅渾國亦謂之烏護乃言訛也東與靺鞨南與契丹西與烏丸爲隣其國西北二十日行有于巳尼水即謂之北海是也

驅度寐　盛京奉天府北三千餘里室韋之北隋時聞焉其人甚長而衣短不束髮皆裹頭居土窟中惟有猪更無別畜人輕捷一跳三丈餘又能立浮臥浮履水沒腰與陸走不別數乘大船至北室韋抄掠

霫　盛京奉天府北與靺鞨爲隣理黄水北亦鮮卑故地匈奴之别種也勝兵萬餘人亦臣于頡利其渠帥號爲俟斤　貞觀中内附

拔悉彌　在北庭北海南結骨東南依山散居去燉煌九千餘里一名弊刺國隋時聞焉有渠帥無王號户二千餘其人雄健皆能射獵國多雪恒以木爲馬雪上逐鹿得鹿將家室就而食之更移處其所居則以樺皮爲舍

流鬼　在北海之北至夜义國餘三面皆抵大海南去

莫設靺鞨船行十五日去長安一萬五千餘里無城郭依海島散居人皆皮服地氣沍寒早霜雪不識四時節序靺鞨有乘海至其國貨易陳國家之盛于是其君長孟蜂遣其子可也余志唐貞觀十四年三譯而來朝貢初至靺鞨不解乘馬上即顛墜國長老又傳言其國北一月行有夜叉人皆豕牙翹出噉人莫有涉其界未嘗通中國

黠戛斯　西北荒之國也本名結骨一名居勿又謂之堅昆史記謂之堅昆漢書謂之鬲昆在回紇西北四

十日程一本云三千里其人身悉長大赤髮綠睛有髮黑者謂之不祥蓋嘉悪撰西域記云髮黑黑睛者李陵之後也故其自稱是都尉苗裔唐貞觀中朝貢以後不絕先是回鶻背恩侵掠諸部擅入靈州今隸甘肅寧夏府上命河東兵大破回鶻于殺胡山可汗踰山遁走黠戛斯乘其破亡遂有其國二月來朝武德中求冊命會昌中秘書少監呂述畫黠戛斯朝貢圖並宰相李德裕撰序甚詳其事其國東去單于庭七千里南去車師五千里也

骨利幹

居回紇北方在山西大同府西北大磧外瀚海之北二俟斤同居勝兵四千五百人其北又距大海晝長夜短日没後天色正曛煮一羊胛熟而東方已曙蓋近日出没之所也唐貞觀中來朝獻良馬十四日行數百里太宗爲之制名號爲十驥爲文以敘

駮馬

在結骨之北其地近北海去長安萬四千里經突厥大部落五所乃至焉勝兵三萬人馬三十萬匹色並駮故名云其馬不乘但取其乳酪充食而已其國以俟斤統領土境東西一月行南北五十日行去

鬼國六十日行唐永徽中朝貢突厥謂駮馬爲曷剌亦名曷剌國也

鬼國

在駮馬國西六十日行其國夜行晝隱眼耳鼻與中國人同口在項上土無米粟噉鹿豕及蛇駮馬國南三十日行至突騎施二十日行至鹽莫念咄六闕俟斤部落又北八日行至可史檐部落其駮馬鹽漠並無牛羊雜畜唐永徽中並遣使朝貢